MW01641041

# はじめ

日本語能力試験が実施されるようになって、27年目を迎えました。この間に、外務省・文部科学省の支援と、日本語教育関係者の力に支えられ、平成21年度からこの試験は年２回の実施となりました。

１級から４級までの全級を実施した今回の試験は、国内33都道府県で約10万４千人、海外53の国と地域・173都市で約50万８千人の応募者がありました。

日本語能力試験への関心の高まりにこたえ、受験者と受験希望者に便宜をはかり、また、国内外の日本語学習を奨励するために、今回も試験の問題と正解を公開することになりました。

問題集の構成・内容は次のとおりです。

1　問題集は、「１・２級」と「３・４級」の２冊に分かれています。
2　実際の試験問題と解答用紙はＡ４判です。ここでは実物より縮小してあります。
3　聴解の試験問題は、問題用紙とＣＤで、巻末にスクリプト（音声を文章にしたもの）を掲載しています。

この試験問題の公開が、国内外の多くの日本語学習者の助けとなれば幸いです。

平成22年５月20日

財団法人　日本国際教育支援協会
独立行政法人　国際交流基金

# 目　次

**Writing/Vocabulary**

# 問題用紙

（２００９－２）

# １　級
# 文字・語彙
# （100点　45分）

## 注 Notes 意

1. 試験開始の合図があるまで、この問題用紙を開けないでください。
Do not open this question booklet before the test begins.

2. この問題用紙を持ち帰ることはできません。
Do not take this question booklet with you after the test.

3. 受験番号と名前を下の欄に、受験票と同じようにはっきりと書いてください。
Write your registration number and name clearly in each box below as written on your test voucher.

4. この問題用紙は、全部で10ページあります。
This question booklet has 10 pages.

5. 問題には解答番号の 1 、 2 、 3 … が付いています。答えは、解答用紙にある同じ番号の解答欄にマークしてください。
One of the row numbers 1, 2, 3 … is given for each question. Mark your answer in the same row of the answer sheet.

| 受験番号　Examinee Registration Number | |
| --- | --- |

| 名 前　Name | |
| --- | --- |

**問題Ⅰ　次の文の＿＿＿をつけた言葉は、どのように読みますか。最も適切な読み方を、1・2・3・4から一つ選びなさい。**

**問1**　脚本 1 が芝居 2 のおもしろさを決めると言えよう。

1 脚本　1 きょくぼん　2 きょくほん　3 きゃくほん　4 きゃくぼん

2 芝居　1 ぼうきょ　2 ぼうい　3 しばきょ　4 しばい

**問2**　この仕事を円滑 3 にすすめるために、関係者は努めて 4 慎重 5 に行動してほしい。

3 円滑　1 えんかつ　2 えんこつ　3 えんがつ　4 えんごつ

4 努めて　1 つとめて　2 きわめて　3 せめて　4 あらためて

5 慎重　1 そんちょう　2 そんじゅう　3 しんちょう　4 しんじゅう

**問3**　その歌手は、奉仕 6 活動をしている団体に、コンサートの収益 7 を快く 8 寄附 9 した。

6 奉仕　1 ぼうし　2 ほうし　3 ぞうし　4 そうし

7 収益　1 しゅうかく　2 しゅかく　3 しゅえき　4 しゅうえき

8 快く　1 いさぎよく　2 こころよく　3 いちじるしく　4 まぎらわしく

9 寄附　1 きぶ　2 きぶう　3 きふ　4 きふう

**問4**　野党は首相 10 の外交方針に対して、厳しい 11 姿勢 12 を示した。

10 首相　1 しゅうそう　2 しゅしょう　3 しゅそう　4 しゅうしょう

11 厳しい　1 はげしい　2 いやしい　3 きびしい　4 とぼしい

12 姿勢　1 じせい　2 しせい　3 じぜい　4 しぜい

**問5**　強盗 13 がその老人を襲った 14 というのは架空 15 の話だった。

13 強盗　1 きょうとう　2 きょうどう　3 ごうどう　4 ごうとう

14 襲った　1 おそった　2 うばった　3 しばった　4 なぐった

15 架空　1 かくう　2 きょくう　3 きょこう　4 かこう

**問題Ⅱ　次の文の＿＿＿をつけた言葉は、ひらがなでどう書きますか。同じひらがなで書く言葉を、1・2・3・4から一つ選びなさい。**

**16** 行方が分からない人を<u>捜索</u>している。

1　喪失　　2　創作　　3　想像　　4　葬式

**17** 人を<u>中傷</u>するのはよくないことだ。

1　抽象　　2　昼食　　3　駐車　　4　注釈

**18** このあたりで怪しい人を見かけたので<u>警戒</u>してほしい。

1　軽快　　2　蛍光　　3　経過　　4　景気

**19** 毎朝6時の<u>起床</u>を心がけている。

1　奇数　　2　基礎　　3　希少　　4　機長

**20** 友人に<u>依頼</u>されたので、その仕事をすることにした。

1　衣類　　2　医療　　3　異論　　4　以来

## 問題Ⅲ　次の文の＿＿＿をつけた言葉は、どのような漢字を書きますか。その漢字を1・2・3・4から一つ選びなさい。

**問1**　北海道でらくのう[21]にたずさわって[22]いる友人は、牛50頭をしいく[23]しているそうだ。

| | | | | |
|---|---|---|---|---|
| 21 らくのう | 1　酪農 | 2　洛農 | 3　駱農 | 4　絡農 |
| 22 たずさわって | 1　係わって | 2　操わって | 3　携わって | 4　営わって |
| 23 しいく | 1　旨育 | 2　施育 | 3　飼育 | 4　資育 |

**問2**　コストのさくげん[24]をめざし[25]、商品をテレビでせんでん[26]するのを中止した。

| | | | | |
|---|---|---|---|---|
| 24 さくげん | 1　消滅 | 2　削減 | 3　削滅 | 4　消減 |
| 25 めざし | 1　目示し | 2　目刺し | 3　目射し | 4　目指し |
| 26 せんでん | 1　宜伝 | 2　宣電 | 3　宣伝 | 4　宜電 |

**問3**　この地域の開発の必要性をとく[27]人々がいるが、森林保全もそれにおとらず[28]重要ではないか。

| | | | | |
|---|---|---|---|---|
| 27 とく | 1　解く | 2　説く | 3　評く | 4　講く |
| 28 おとらず | 1　劣らず | 2　降らず | 3　落らず | 4　負らず |

**問4**　ひさいち[29]には多くのボランティアがきゅうえん[30]にかけつけた[31]。

| | | | | |
|---|---|---|---|---|
| 29 ひさいち | 1　悲最地 | 2　被災地 | 3　悲災地 | 4　被最地 |
| 30 きゅうえん | 1　救演 | 2　急演 | 3　救援 | 4　急援 |

31 かけつけた　1　馳けつけた　2　迅けつけた　3　疾けつけた　4　駆けつけた

**問5**　海岸はどこまでも白いはまべ[32]が続き、おき[33]には船が見えた。

| | | | | |
|---|---|---|---|---|
| 32 はまべ | 1　浜部 | 2　浜辺 | 3　浜部 | 4　浜辺 |
| 33 おき | 1　浦 | 2　沼 | 3　湾 | 4　沖 |

**問6**　この会議では、人口のよくせいが議論のしょうてんになりそうだ。
　　　　　　　　　　　　　　　　34　　　　　　　35

34 よくせい　　1　欲整　　2　抑制　　3　欲制　　4　抑整

35 しょうてん　　1　焦点　　2　衝点　　3　争点　　4　騒点

**問題Ⅳ　次の文の＿＿＿をつけた言葉の＿＿＿の部分は、どのような漢字を書きますか。同じ漢字を使うものを、１・２・３・４から一つ選びなさい。**

**（例）** 貸したお金を返してくれるようさいそくした。

1　働き過ぎだから、たまにはきゅうそくしたい。

2　国際交流のそくしんに努めている。

3　じそく80キロでカーブを曲がった。

4　これは単なるすいそくで、事実ではない。

例の文の＿＿＿の言葉は「催促」と書きます。1から4の言葉はそれぞれ、1は「休息」、2は「促進」、3は「時速」、4は「推測」と書きます。例の文の「催促」の「促」と、2の「促進」の「促」は同じ漢字ですから、答えは2です。

（解答用紙）

| **（例）** | ①　●　③　④ |
|---|---|

**36** わが社の社長室のドアは、いつも開けておくのがかんれいになっている。

1　海で泳いでいる人に事故が起きないようにかんしする仕事をした。

2　寒くなると血液のじゅんかんが悪くなる。

3　父はかんちょうの役人だった。

4　私は毎朝1時間近所を散歩することをしゅうかんにしている。

**37** この町は歴史があり、ぶんかざいに恵まれている。

1　ざいせいが悪化したため、予算が少なくなった。

2　せんざいを使っても、なかなかきれいにならなかった。

3　あのレストランは、いつも新鮮なそざいを使っている。

4　この商品のざいこがあるか調べよう。

**38** いまどきそんなことを言うのは、時代さくごだ。

1　強い相手なので、かくごして試合に臨んだ。

2　彼は私の言ったことをごかいしている。

3　この国では、映画が庶民のごらくとして人気がある。

4　私はかいごの仕事をしている。

**39** エネルギーのかくほがこの国の課題だ。

1　狭いのでかんかくをあけずに並んでください。

2　オリンピックでのメダルかくとくをねらっている。

3　彼女は将来きっと出世すると私はかくしんしている。

4　組織のへんかくを混乱なく行いたい。

**40** 子どもたちのもはんになるような生活をしたい。

1　むやみに人をひはんしてはいけない。

2　このはんがはヨーロッパでも人気がある。

3　スピードいはんをして、警察に捕まった。

4　試験のはんいは１課から５課までだ。

**問題Ⅴ　次の文の＿＿＿の部分に入れるのに最も適切なものを、１・２・３・４から一つ選びなさい。**

**41** 美しい星空を見上げていたら、若い男女は＿＿＿な気分になった。

1　シック　　2　スマート　　3　ロマンチック　　4　ハンサム

**42** カロリーの過剰な＿＿＿は、体に悪影響を及ぼします。

1　産出　　2　略奪　　3　所持　　4　摂取

**43** もう少しで終わるはずだった仕事が、彼の失敗で＿＿＿に戻ってしまった。

1　打ち消し　　2　取り替え　　3　割り当て　　4　振り出し

**44** 欠席される場合は、＿＿＿お知らせくださいますようお願いいたします。

1　あしからず　　2　あいにく　　3　あらかじめ　　4　あいかわらず

**45** 私は目が悪く、眼鏡をかけないと物が＿＿＿見えるんです。

1　とぼけて　　2　ふやけて　　3　とろけて　　4　ぼやけて

**46** 結婚式の時には、きちんとした＿＿＿で出席しなければならない。

1　身なり　　2　身の上　　3　身の回り　　4　身ぶり

**47** 今年の夏は、蒸し暑く＿＿＿日が続いた。

1　うっとうしい　　2　気味悪い

3　あつかましい　　4　生ぬるい

**48** 大きな岩が、がけの上から＿＿＿と転がってきた。

1　ぞろぞろ　　2　ごろごろ　　3　どろどろ　　4　ぼろぼろ

**49** 面接による＿＿＿の結果、合格者を決めた。

1　採用　　2　採択　　3　当選　　4　選考

**50** 嘘を言ったために、話の＿＿＿が合わなくなった。

1　あべこべ　　2　よしあし　　3　つじつま　　4　まとまり

**51** この技術を使えば、これまでの燃料問題が＿＿＿解決するだろう。

1　一心に　　2　一挙に　　3　一向に　　4　一概に

**52** 高原の朝は空気がきれいなので、とても＿＿＿。

1　わかわかしい　　2　すがすがしい

3　めざましい　　4　たくましい

**53** 必死に働いてきた結果、最近ようやく生活に＿＿＿が出てきた。

1　ゆとり　　2　たまり　　3　たるみ　　4　めぐみ

**54** 証拠が不十分なため、前の判決は＿＿＿され、彼は無罪となった。

1　遺棄　　2　破棄　　3　廃棄　　4　放棄

**55** 飛行機から見た山々の姿は実に＿＿＿であった。

1　多大　　2　膨大　　3　壮大　　4　盛大

**問題Ⅵ　次の56から60の＿＿＿の言葉の意味が、はじめの文と最も近い意味で使われている文を、１・２・３・４から一つ選びなさい。**

56 あげる……理由をあげて説明してくれたので、とても分かりやすかった。

1　この問題は「はい」か「いいえ」のどちらかのカードをあげて答えてください。

2　あなたの好きなクラシック音楽を３曲あげてください。

3　もう少し作業の効率をあげないと、生産が間に合わない。

4　この会社はインターネットを使って、一年ですばらしい業績をあげた。

57 一緒……何も言わないのは、意見がないのと一緒だ。

1　あの双子の姉妹は一緒の服を買ってもらった。

2　彼とは、子どものころ、よく一緒に遊んだ仲だ。

3　早く彼女と一緒になり、幸せな家庭を築きたい。

4　一人暮らしの息子に、食料品と一緒にお金を送ってやった。

58 いいかげん……いいかげんな返事をしたばかりに、とんでもないことになった。

1　あの人は仕事がいいかげんだから、とても任せられない。

2　人をばかにするのもいいかげんにしてください。

3　いいかげん、子どもの遊び相手をするのも疲れたよ。

4　お風呂の温度がいいかげんで、とても気持ちがいい。

59 目……彼は、絵画に対してはたしかな目を持っている。

1　はるか前を行く自動車のナンバーが見えるほど、彼は目が良い。

2　こんな格好をしているからって、変な目で見ないでください。

3　彼女は、とても美しい目をしています。

4　あんな人を信用するなんて、社長は人を見る目がない。

60 当たる……日本語の「ごめんなさい」に当たる英語は何ですか。

1　分からない単語は一つ一つ辞書に当たりながら、この小説を読み終えました。

2　それほど怒ることでもなかったのに、彼につらく当たってしまった。

3　そのような行為は失礼に当たりますので、気をつけてください。

4　警察はこの事件に全力で当たっているにもかかわらず、なかなか解決できない。

**問題Ⅶ　次の[61]から[65]の言葉の使い方として最も適切なものを、１・２・３・４から一つ選びなさい。**

**[61]** 品種

1　この文房具屋ではいろいろな品種のボールペンが売られている。

2　このテレビはさまざまな品種を組み合わせて作られている。

3　雨の品種はたくさんあり、呼び方もそれぞれ異なる。

4　米は品種が同じでも、育った土地によって味が違う。

**[62]** はかどる

1　このえさを与えると、魚の成長がはかどる。

2　この国が多くの分野で世界にはかどるのは、技術者たちが有能だったからだ。

3　朝早く起きて仕事を始めたので、だいぶはかどった。

4　通信システムがはかどったおかげで、今では全世界の情報がすぐに入手できる。

**[63]** 腹が立つ

1　食べ過ぎて腹が立ったので、胃腸の薬を飲んだ。

2　今まで我慢してきたことを全部話したので、とても腹が立って気持ちがいい。

3　友人に文句ばかり言われて腹が立ったので、それきり会わないことにした。

4　私の腹が立っているのは、毎日トレーニングをして鍛えたためです。

**[64]** 巧妙

1　巧妙なやり方でお年寄りから金をだまし取っていた男が逮捕された。

2　あの料理人の巧妙な腕が店に多くの客を集めている。

3　庭の花壇を手入れしたので、以前にくらべて巧妙になった。

4　うちのペットは顔がとても巧妙でかわいらしい。

**[65]** 親善

1　両国は親善するために、サッカーの試合を行った。

2　両市は親善を深めるため、互いに市民団体が訪問し合った。

3　両校の生徒たちは親善に交流するために、頻繁に連絡を取り合った。

4　両大学は留学生の交換を親善と行うために、規約を作成した。

Listening

# 問題用紙

（２００９－２）

# １　級
# 聴　　解

**（100点　45分）**

## 注 Notes 意

1. 試験開始の合図があるまで、この問題用紙を開けないでください。
Do not open this question booklet before the test begins.

2. この問題用紙を持ち帰ることはできません。
Do not take this question booklet with you after the test.

3. 受験番号と名前を下の欄に、受験票と同じようにはっきりと書いてください。
Write your registration number and name clearly in each box below as written on your test voucher.

4. この問題用紙は、全部で14ページあります。
This question booklet has 14 pages.

5. 問題Ⅰと問題Ⅱでは解答のしかたが違います。例をよく見て注意してください。
Answering methods for Part I and Part II are different. Please study the examples carefully and mark correctly.

6. この問題用紙にメモをとってもかまいません。
You may make notes in this question booklet.

| 受験番号　Examinee Registration Number | |
|---|---|

| 名 前　Name | |
|---|---|

# 問題 I

## 例 1

| 問題 I | | | | |
|---|---|---|---|---|
| 解答番号 | 解答欄 Answer | | | |
| | 1 | 2 | 3 | 4 |
| 例 1 | ① | ② | ● | ④ |

## 例 2

1　44℃

2　41℃

3　39℃

4　34℃

| 問題 I | | | | |
|---|---|---|---|---|
| 解答番号 | 解答欄 Answer | | | |
| | 1 | 2 | 3 | 4 |
| 例 1 | ① | ② | ● | ④ |
| 例 2 | ① | ② | ● | ④ |

## 1番

## 2番

# 3番

1
(%)
3
2
1
0
−1
−2
2000 01 02 03 04 05 06 07 08 (年)
2
(%)
3
2
1
0
−1
−2
2000 01 02 03 04 05 06 07 08 (年)
3
(%)
3
2
1
0
−1
−2
2000 01 02 03 04 05 06 07 08 (年)
4
(%)
3
2
1
0
−1
−2
2000 01 02 03 04 05 06 07 08 (年)

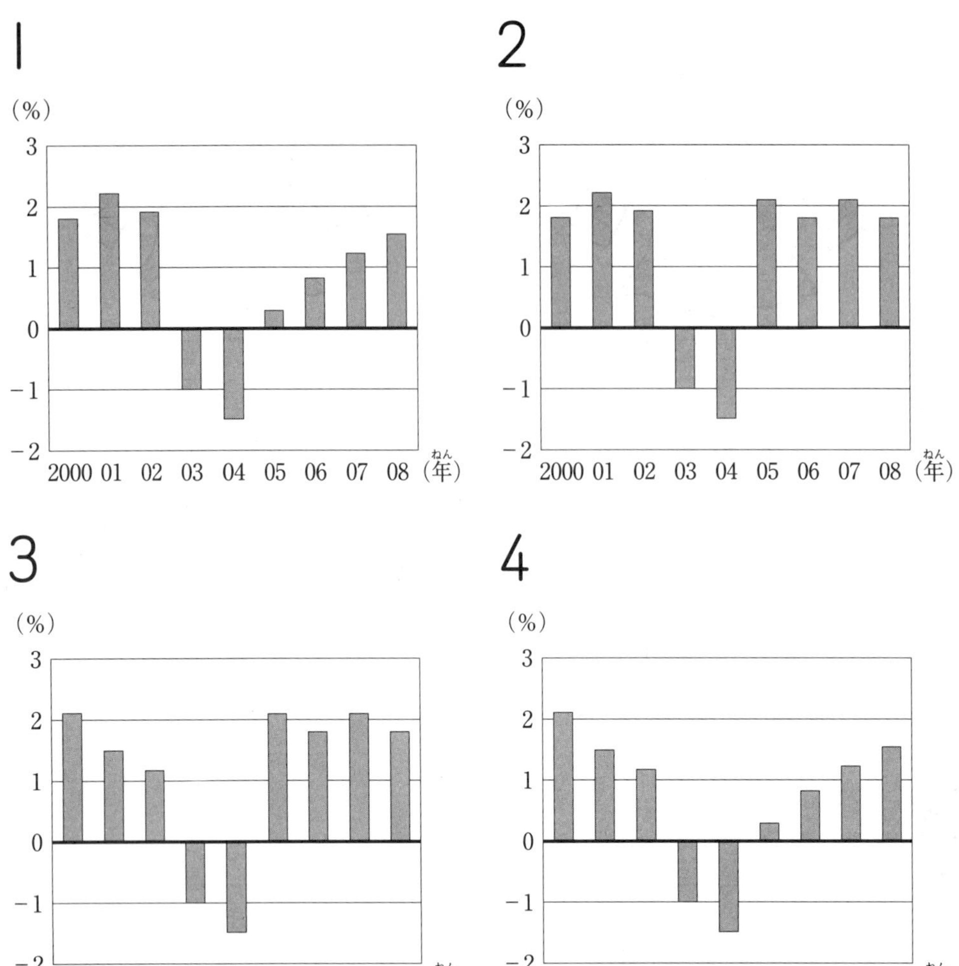

# 4番

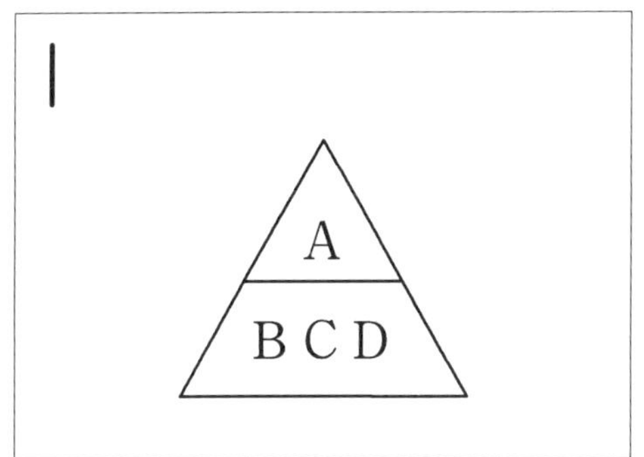


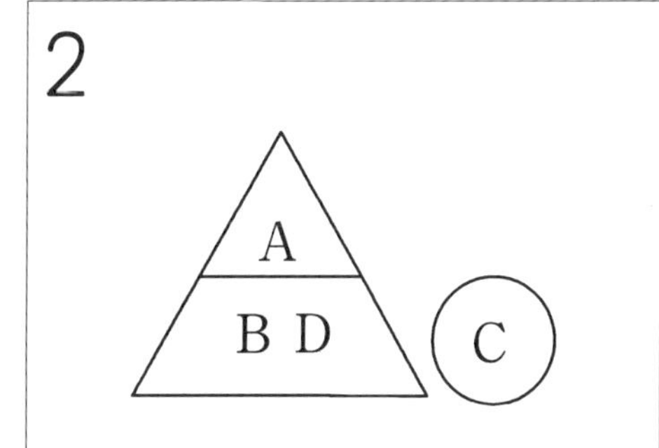


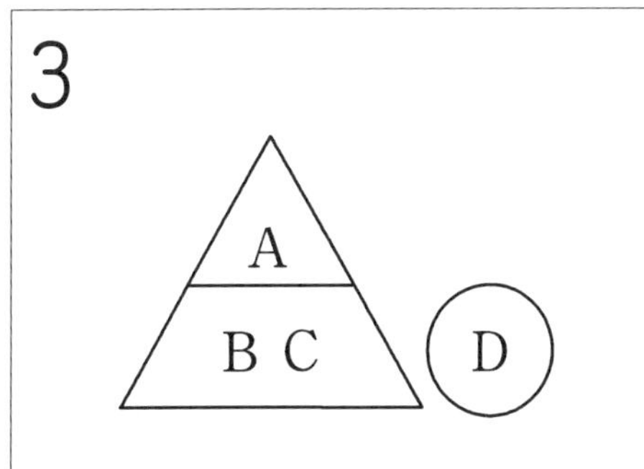


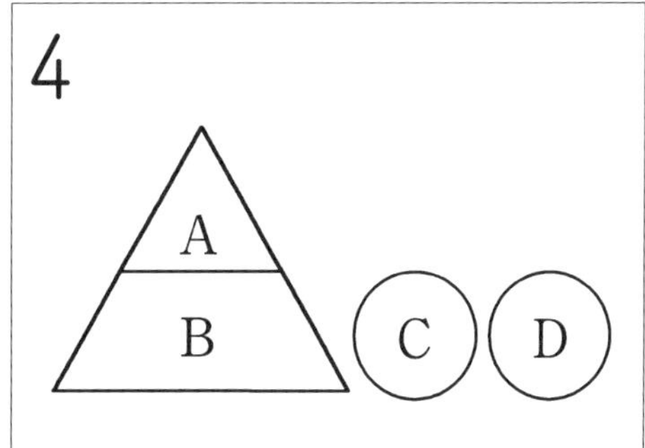

## 5番

## 6番

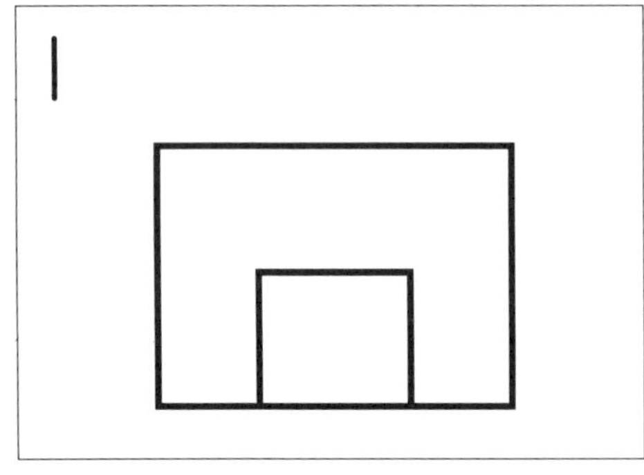


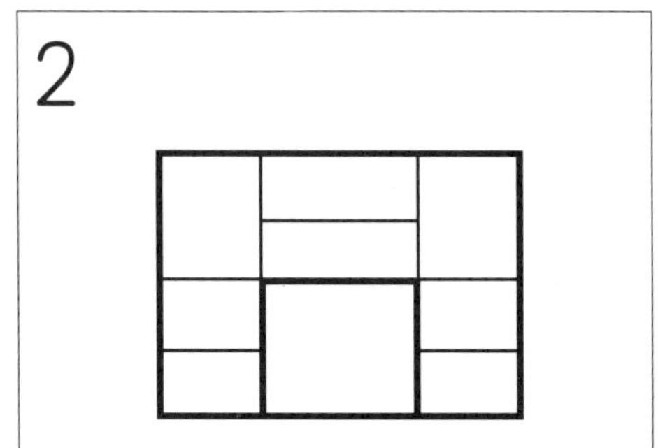


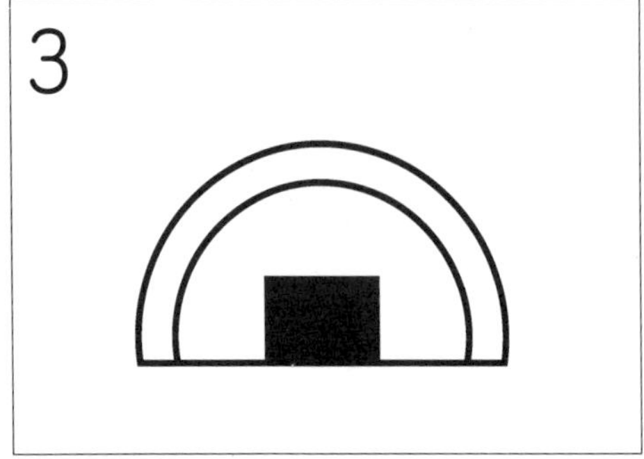

# 7番

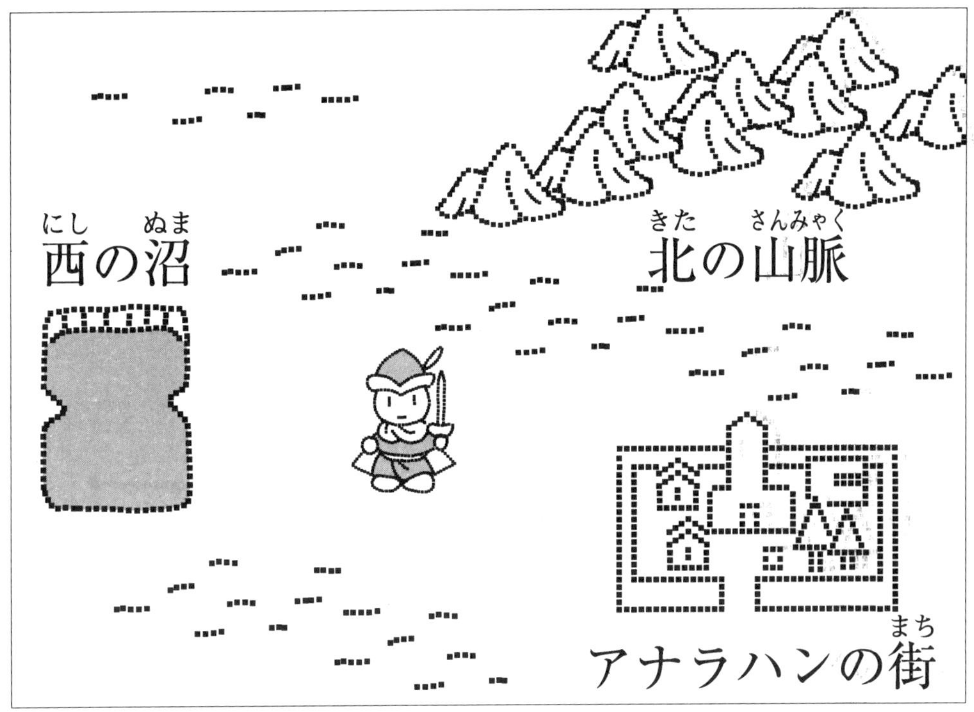


1　山脈（さんみゃく）　→　沼（ぬま）　→　街（まち）

2　街（まち）　→　沼（ぬま）　→　山脈（さんみゃく）

3　沼（ぬま）　→　山脈（さんみゃく）　→　街（まち）

4　街（まち）　→　山脈（さんみゃく）　→　沼（ぬま）

# 8番

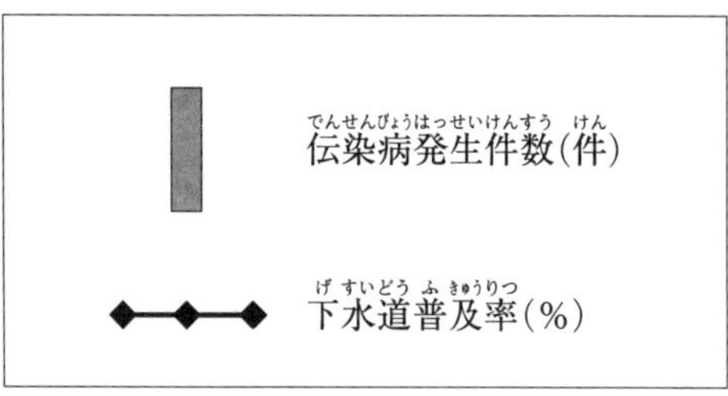


1

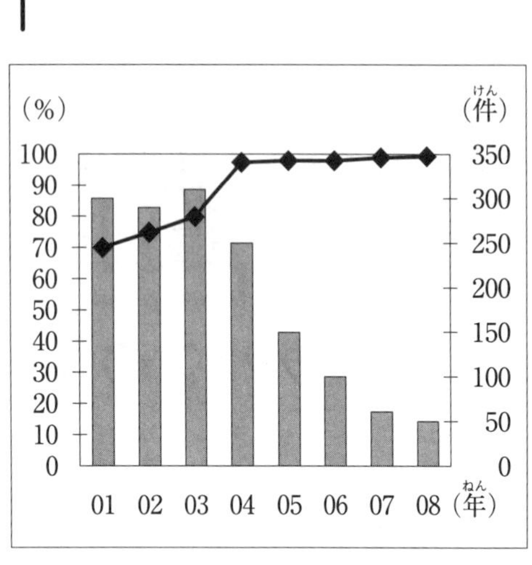


2

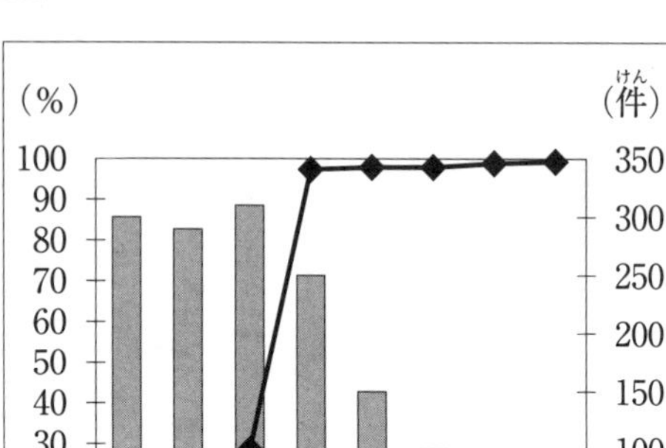


3

(%)
(件)
100 90 80 70 60 50 40 30 20 10 0
350 300 250 200 150 100 50 0
01 02 03 04 05 06 07 08 (年)

4

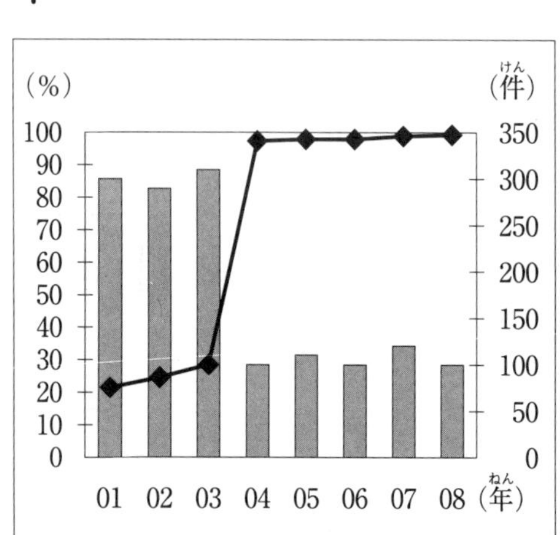

# 9番

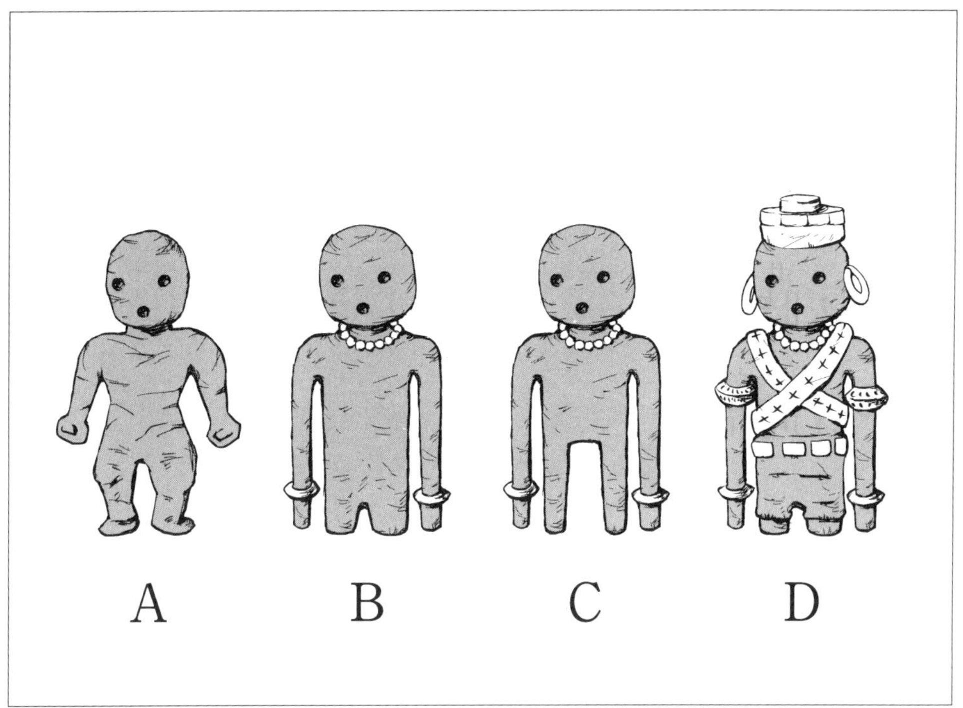


1　B → C → A → D

2　B → C → D → A

3　C → B → A → D

4　C → B → D → A

## 10番

1　2時間後（じかんご）

2　3時間後（じかんご）

3　4時間後（じかんご）

4　5時間後（じかんご）

## 11番

1

| | はい | いいえ |
|---|---|---|
| ・気力（きりょく）がない | ✓ | |
| ・感情的（かんじょうてき）になりやすい | ✓ | |
| ・夜（よる）眠（ねむ）れない | | ✓ |
| ・食欲（しょくよく）がない | | ✓ |

2

| | はい | いいえ |
|---|---|---|
| ・気力（きりょく）がない | ✓ | |
| ・感情的（かんじょうてき）になりやすい | | ✓ |
| ・夜（よる）眠（ねむ）れない | | ✓ |
| ・食欲（しょくよく）がない | | ✓ |

3

| | はい | いいえ |
|---|---|---|
| ・気力（きりょく）がない | ✓ | |
| ・感情的（かんじょうてき）になりやすい | ✓ | |
| ・夜（よる）眠（ねむ）れない | | ✓ |
| ・食欲（しょくよく）がない | ✓ | |

4

| | はい | いいえ |
|---|---|---|
| ・気力（きりょく）がない | ✓ | |
| ・感情的（かんじょうてき）になりやすい | | ✓ |
| ・夜（よる）眠（ねむ）れない | | ✓ |
| ・食欲（しょくよく）がない | ✓ | |

# 12番

ムサシ小屋
2時間
1時間
のぼり2時間
ミドリ池
山頂
くだり1時間
1時間
2時間
現在地

1
ムサシ小屋
ミドリ池
山頂
現在地

2
ムサシ小屋
ミドリ池
山頂
現在地

3
ムサシ小屋
ミドリ池
山頂
現在地

4
ムサシ小屋
ミドリ池
山頂
現在地

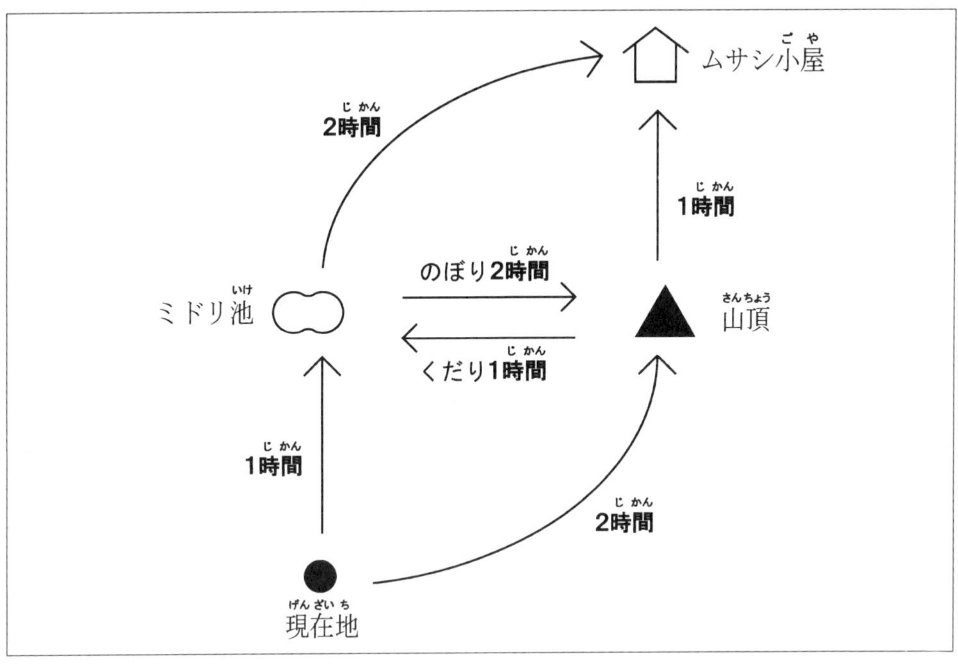

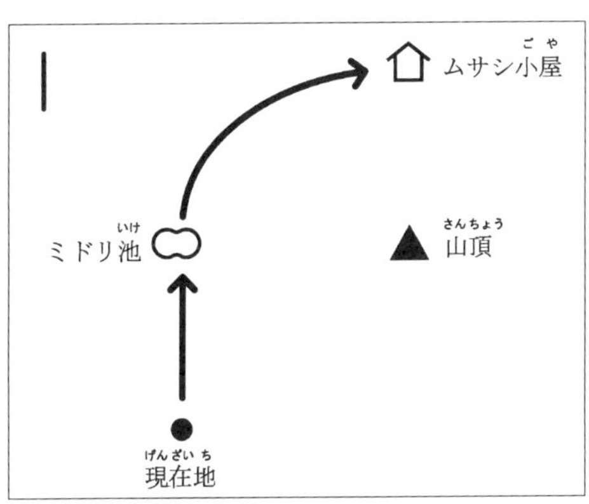

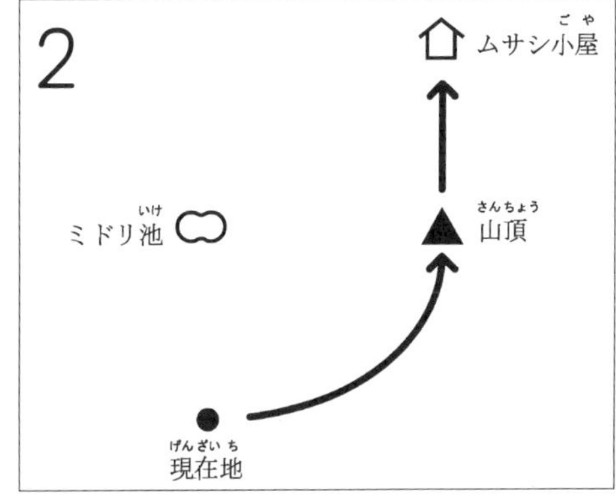

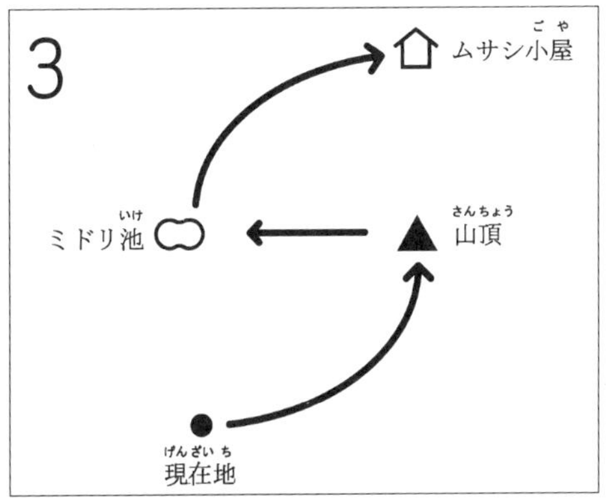

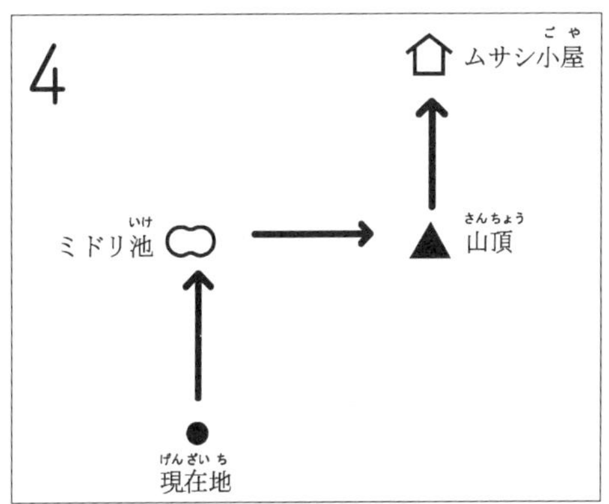

# 13番

1

1. 適性（てきせい）
2. 収入（しゅうにゅう）
3. 雰囲気（ふんいき）
4. 専門性（せんもんせい）

2

1. 適性（てきせい）
2. 収入（しゅうにゅう）
3. 雰囲気（ふんいき）
4. 安定性（あんていせい）

3

1. 収入（しゅうにゅう）
2. 雰囲気（ふんいき）
3. 専門性（せんもんせい）
4. 適性（てきせい）

4

1. 収入（しゅうにゅう）
2. 雰囲気（ふんいき）
3. 安定性（あんていせい）
4. 適性（てきせい）

# 14番

## 15番

A：人間に使われる道具

B：人間よりも高い能力を持った存在

C：人間と対等の仲間

1　A → B → C

2　B → A → C

3　C → A → B

4　C → B → A

# 問題Ⅱ　絵などはありません。

## 例

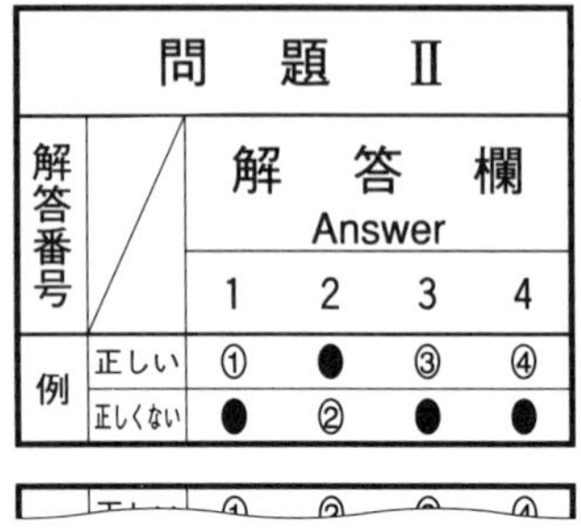

| 問題Ⅱ | | | | | |
|---|---|---|---|---|---|
| 解答番号 | | 解答欄 Answer | | | |
| | | 1 | 2 | 3 | 4 |
| 例 | 正しい | ① | ● | ③ | ④ |
| | 正しくない | ● | ② | ● | ● |

このページはメモに使ってもいいです。

Reading/Grammar

# 問題用紙

（２００９－２）

# １　級
# 読解・文法
# (200点　90分)

## 注 Notes 意

1. 試験開始の合図があるまで、この問題用紙を開けないでください。
Do not open this question booklet before the test begins.

2. この問題用紙を持ち帰ることはできません。
Do not take this question booklet with you after the test.

3. 受験番号と名前を下の欄に、受験票と同じようにはっきりと書いてください。
Write your registration number and name clearly in each box below as written on your test voucher.

4. この問題用紙は、全部で22ページあります。
This question booklet has 22 pages.

5. 問題には解答番号の 1 、 2 、 3 … が付いています。答えは、解答用紙にある同じ番号の解答欄にマークしてください。
One of the row numbers 1 , 2 , 3 … is given for each question. Mark your answer in the same row of the answer sheet.

| 受験番号　Examinee Registration Number | |
|---|---|

| 名 前　Name | |
|---|---|

**問題Ⅰ　次の文章を読んで、後の問いに答えなさい。答えは、1・2・3・4から最も適当なものを一つ選びなさい。**

消費の個人主義化は、ある意味では消費の民主化と言い換えることもできる。その結果生ずる、ものの個人所有は、所有の民主化だといえるかもしれない。また、所有の民主化は、個々人をますますばらばら(注1)の存在にしていく。(中略)ものによってしきりができるからだ。ひとつの道具を共有(きょうゆう)(注2)することは、好むと好まざるとにかかわらず、共有しているメンバーとの集団的なつながりが形成される。

「平等な消費」という思考は、個人の欲望にしたがった消費を許す①ということで、それは集団主義(全体主義)から個人主義への流れを強化していった。こうした傾向は、社会的な共同体だけではなく、家庭にまで及んだ。それ②は、さまざまなもののデザインにおいても見ることができる。多くのものが、集団で使うことよりも個人で使用できるようなデザインになっていった。小型のラジオや電話は、ポータブル(注3)になった結果、その使い方が変化したが、それだけではなく、使用者を個人化したのである。

携帯電話の出現は、家を単位としていた電話の概念を根底から変えてしまった③。電話の子機(こき)(注4)の段階では、家の電話とつながりを持っていた。携帯は家とのつながりをしきってしまったのである。携帯電話の持ち主がはたして住居に住んでいるかどうかもわからない。

電車やバスなどの公共交通機関の中では、携帯電話の使用の禁止を呼びかけている。心臓のペースメーカー(注5)に悪い影響を与えるからと呼びかけているが、禁止についての明確な理由はあまり説得的ではないようだ。結局、多くの携帯電話使用者は、電話による会話ではなく、メールを使うようになった。(　④　)、携帯電話でコミュニケーションしていることには変わりない。どれほど、多くの他人に囲まれていようと、携帯電話を使った会話にしろメールにしろコミュニケーションが始まると、意識は電車やバスの中にあるのではなく、ネット(注6)空間の中に入り込んでしまう。どれほど、多くの他人に囲まれていようと、そこ⑤にいる他人とは全く異なった空間の中にしきられているのである。

はたして、そのことと関連するかどうかはわからないが、携帯電話の普及と同時代の現象としてよく見られることになったのが、電車の中で、女性がメイクアップ(注7)をしている光景だ。それまでは、メイクアップは他者には見せないものであった。しかし、電車の中にあって、メイクアップをする女性たちは、意識的には、他者とはまったくしきられた空間にいるのである。ちょうど携帯電話でコミュニケーションしているときと同じように。⑥

家庭内の個人主義的傾向は、日本では1980年代に顕著(けんちょ)(注8)になった。住宅のデザインは、⑦

子どもの個室を持つことが一般的になり、子どもの個室には電話や音響(おんきょう)(注9)製品などが置かれ、自足(じそく)(注10)したものとなった。個室や電話や家電(かでん)(注11)のパーソナル化(注12)によって、家族の人間関係が希薄(きはく)(注13)になりアトム化(注14)がすすんだ、という意見が語られてきた。家族が個人主義化することを、個室やパーソナル化した家電や家具類のデザインが促進したことは否定できないが、そうしたもののデザインは、集団主義から個人主義へと向かうわたしたちの近代に内包(ないほう)(注15)されていた傾向を反映しているのである。

(柏木博『「しきり」の文化論』講談社による)

(注1) ばらばらの：別々でまとまりがない

(注2) 共有(きょうゆう)する：共同で所有する

(注3) ポータブルになる：持ち運びできる大きさ・重さになる

(注4) 子機(こき)：電話機本体に付いていて家の中で持ち歩ける電話機

(注5) ペースメーカー：心臓の動きを正常に保つための器械

(注6) ネット：インターネット

(注7) メイクアップ：化粧

(注8) 顕著(けんちょ)になる：はっきりと目立つようになる

(注9) 音響(おんきょう)製品：音楽や歌を聴くための製品

(注10) 自足(じそく)する：ここでは、必要なものがすべてそろう

(注11) 家電(かでん)：家庭用電気製品

(注12) パーソナル化：ここでは、個人用になること

(注13) 希薄(きはく)になる：ここでは、弱くなる

(注14) アトム化：孤立化

(注15) 内包(ないほう)されている：内部に含まれている

**問1　①「個人の欲望にしたがった消費を許す」とは、どういうことか。** 1

1　ある道具を様々なデザインでいくつも持てる。

2　欲しいものはどんなものであっても持てる。

3　一人一人がそれぞれ自分のための道具が持てる。

4　好むと好まざるとにかかわらず道具が持てる。

**問2　②「それ」は何を指しているか。** 2

1　消費という行動が個人主義化されていったこと

2　消費により集団的なつながりが形成されること

3　平等な消費という思考が共有（きょうゆう）を否定したこと

4　個人の欲望に従い欲しいものが何でも買えること

**問3　③「電話の概念を根底から変えてしまった」とは、どういうことか。** 3

1　電話の持ち主の住居がわからなくなってしまった。

2　電話は個々人が所有するものになってしまった。

3　電話の子機（こき）やその機能が使われなくなってしまった。

4　電話はあちこち動かされるようになってしまった。

**問4　（　④　）に入る最も適当な言葉はどれか。** 4

1　さらに

2　しかし

3　そこで

4　すると

**問5　⑤「そこ」とは、どこか。** 5

1　社会的な共同体

2　ネット空間

3　携帯の持ち主の家

4　電車やバスの中

**問6　⑥「ちょうど携帯電話でコミュニケーションしているときと同じように」とあるが、どのような点が同じか。** 6

1　他人とは違う空間にいて、他人の存在を意識しなくてもいい点

2　同じ電車に乗っていて、たくさんの人達に取り囲まれている点

3　多くの人に囲まれていて、その人達を意識させられてしまう点

4　意識が今いる場になくて、周囲の人達の存在が気にならない点

**問7　⑦「家庭内の個人主義的傾向」とは、どのような傾向か。** 7

1　同じ家族の中でコミュニケーションが少なくなり、意識が家族から離れる傾向

2　同じ家族の中で人間関係が薄くなり、ものを気にせず使えるようになる傾向

3　同じ住宅の中で家族で共有（きょうゆう）して使うものが少なくなり、家族関係が弱くなる傾向

4　同じ住宅の中で消費するものが足りていて、それぞれ自由に使えるようになる傾向

**問8　本文の内容と合っているものはどれか。** 8

1　もののデザインや所有の仕方が人間関係に影響することも、後者が前者に影響することもある。

2　もののデザインや所有の仕方が人間関係に影響することも、後者が前者に影響することもない。

3　もののデザインや所有の仕方が人間関係に影響することで、後者はますます難しくなる。

4　もののデザインや所有の仕方が人間関係に影響されることで、前者はますます強化される。

このページには問題が印刷されていません。

**問題Ⅱ　次の(1)から(3)の文章を読んで、それぞれの問いに対する答えとして最も適当なものを1・2・3・4から一つ選びなさい。**

(1)　わが国は世界中でも比較的降水量が多く、水は豊富にあるように思われますが、じつは大量(たいりょう)の水を海外から輸入していることを知っている人は少ないようです。最近は外国のミネラルウォーター(注1)が増えていますが、このような直接飲み水として輸入されているものではなく、農産物や木材、工業製品など大量の水を使ってつくられている製品の輸入国で、これらの生産に必要な水を、間接的にではありますが大量に消費しているわけです。

具体的には農産物では豆類、小麦、大麦(おおむぎ)(注2)などは90％程度を、工業製品では繊維製品は全需要量の60％を輸入に頼っています。また日本の木材輸入量は世界第1位で、全体の25％を占めています。生産地の表示(ひょうじ)を調べてみると、海外で生産された商品が日本の市場にはたくさん出まわっていることがわかります。

このように日本は世界中からさまざまな製品を輸入しているわけですが、製品を通して世界中の水を輸入しているといってもいいのです。その量は輸入農産物だけについて調べても、その生産に必要な水量は年間約50億立方メートルと計算されています。これは4000万人分の生活用水使用量に匹敵します。日本の経済や社会は、<u>この目に見えない水</u>の輸入によって成り立ち、わたしたちの毎日の生活は支えられているのです。

中国、インド、アメリカの3国で、世界の穀物の半分を生産しています。その中国、インドは地下水を利用して農作物のかんがいをおこなっていますが、大量の水をくみ上げたため地下水脈(すいみゃく)(注3)が枯渇(こかつ)(注4)し、水不足が深刻になってきました。また地下水だけではなく、インドのガンジス川、インダス川、中国の黄河(こうが)などの大河(たいが)の枯渇も問題になり、黄河は1997年、海に上流(じょうりゅう)(注5)からの水が到達しない日が、過去最高の226日を記録しました。このような水不足により、中国の穀物生産は1999年から3年間で、500万トンも減少しています。

(岡崎稔・鈴木宏明『調べてみよう　暮らしの水・社会の水』岩波書店による)

(注1)　ミネラルウォーター：飲み水として売られる天然水や地下水

(注2)　大麦(おおむぎ)：穀物の一種、ビールなどの原料

(注3)　地下水脈(すいみゃく)：地面の下の水の流れ

(注4)　枯渇(こかつ)する：水などがなくなる

(注5)　上流(じょうりゅう)：川の水源のほう

**問1　「この目に見えない水」とは何か。** 9

1　輸入した農産物や工業製品が作られる際に現地で使われる水

2　輸入した農産物を日本で商品に加工する際に使われる水

3　1年間に現地の人4000万人が生活用水として使用する水

4　1年間に日本が外国から輸入して飲み水として使う水

**問2　日本の水事情について正しいものはどれか。** 10

1　農産物や木材、工業製品など必要なものを生産するために、降水量以上に多くの水を国内で用意する必要がある。

2　最近はミネラルウォーターの需要が増えたため、海外から輸入しなければならないほど水が不足している状態だ。

3　降水量から考えて水は十分にあるようだが、実際には必要とする水すべてをそれでまかなっているわけではない。

4　世界でも比較的降水量が多く水は豊富にあるはずなのに、実は不足している飲み水を大量(たいりょう)に海外から輸入している。

**問3　筆者の述べていることから考えて、中国、インド、アメリカなどで水不足が起きると、日本にはどのような影響があると予想されるか。** 11

1　これらの国からの水の輸入が減り、日本の飲み水の量が著しく減少する。

2　これらの国への水の輸出の問題が起こるので、日本は対策を迫られる。

3　これらの国からの穀物の輸入がなくなり、逆に日本からの輸出が増える。

4　これらの国の生産活動が影響を受けるので、日本の経済が脅かされる。

(2) 金で欲望を満たすのは下品である、という意見がある。はたして、そうなのだろうか。欲望を満たす以外に、金の遣い道なんてあるのか。

ブランド物(注1)やホスト(注2)や美容整形にうつつを抜かした(注3)私が、最終的に得た教訓とは、「金で満たせる欲望には、必ず限界が来る①」ということであった。何故なら、消費の快感とはすなわち「欲望を満たす快感」であるから、金を払って欲望の対象を獲得した途端にそれは欲望の対象ではなくなる（あんなに欲しかったはずのものが、手に入れた瞬間に、自分にとって大した物ではなくなってしまうのだ）、という殺伐とした(注4)現象が生じ、その虚しさ②から逃れるために次から次へと新しい欲望の対象を追い求めたとしても、その最果て(注5)には「ついに欲しい物が無くなってしまう」といった欲望の砂漠化しか存在しないのである。

とはいえ、私は「金なんて無価値だ」などと言うつもりは毛頭(注6)ない。金で買える幸せは、この世の中に確実に存在する。ただ、（　③　）、と言いたいだけなのだ。金で買える幸せをたくさん累積(注7)していけば最終的に大きな幸せを獲得したことになるではないか、という意見もあろうが、私はそうは思わない。消費による欲望の充足(注8)は、特に現代のように欲望の対象が多様化している時代にあっては、足し算ではなく引き算だからである。

次々に欲望を満たしていく行為は、先ほど述べたとおり、欲望の対象を減らしていく行為なのだ。したがって、最終的には「金で満たせない欲望」に直面し、それこそが己の根源的(注9)な欲望であったと知ることになる。そういう意味でも、「消費による欲望の充足」が無価値であるとは思えない。それは価値あるゴールではないけれど、価値あるプロセス(注10)にはなり得るのだ。

（中村うさぎ『新・欲望論』朝日新聞2006年1月10日付夕刊による）

（注1）ブランド物：有名な会社の高価な商品

（注2）ホスト：女性向けの飲食店で客をもてなす男性

（注3）うつつを抜かす：夢中になりすぎる

（注4）殺伐とした：人間らしい温かみが感じられない

（注5）最果て：終わり

（注6）毛頭ない：まったくない

（注7）累積する：積み重ねる

（注8）充足：満たすこと

（注9）己（おのれ）：自分

（注10）プロセス：過程

**問1　①「必ず限界が来る」とあるが、なぜか。** 12

1　欲望以上のものが欲しくなるから

2　欲望の対象とする物がなくなるから

3　欲望を満たす金には限度があるから

4　欲望が十分に満たされて幸せになるから

**問2　②「その虚（むな）しさ」とあるが、何が虚しいのか。** 13

1　この世には欲しいものがまだまだたくさんあること

2　欲しいものを得た途端に欲しいものではなくなること

3　欲しかったものがそれほど欲しくなかったと分かること

4　自分が望む幸せにはとうてい届かないと気づくこと

**問3　（　③　）に入る正しい文はどれか。** 14

1　その幸せには限りがある

2　人々の欲望には限りがない

3　金で買えない幸せもある

4　金で買えない幸せは幸せではない

**問4　本文の内容と合っているものはどれか。** 15

1　最終的に金で欲望を満たすことはできないから、消費による欲望の充足（じゅうそく）の追求（ついきゅう）は無意味である。

2　金で欲望を満たすことは恥ずかしいことではなく、消費の快感（かいかん）により幸せが大きくなっていく。

3　虚（むな）しくなるほど消費を続けることで、金で満たせない欲望があることに気づくことができる。

4　金で買える幸せを数多く積み重ねていけば、満足できる幸せを築くことができるかもしれない。

(3) 人のいいところを真似(まね)するのをいやがる人がいます。人真似(ひとまね)はいけないと思い込んでいるのかもしれませんが、実際にはそんなことはありません。いかに早く人のいいところをとり入れられるかで、あなたの価値が決まるといってもいいのです。

ある有名女性キャスター(注1)が、とても興味深い話をしていました。

それは彼女がまだ新人の頃のこと。プロデューサー(注2)に見せられたビデオに、ニューヨークの女性ホームレス(注3)を取材しているレポーター(注4)の姿が映っていました。

ビデオを見ながら、プロデューサーは、彼女にこういいました。

「君とこのレポーターの違いは、カメラマンとの位置関係だ。君はいつもカメラマンの（　ア　）にいるが、<u>この女性</u>①はカメラマンよりずっと（　イ　）にいる」

ここでプロデューサーがいいたかったのは、「<u>自分の視点を持て</u>②」ということだったのです。自分なりの視点があれば、カメラマンよりも先に、自分の行きたいほうへ行く。自分の視点がないからいつも、カメラマンに遅れをとってしまう。そういうことなのです。

新人だった彼女は、それ以来自分は何がおもしろいと思うのかを考えて、カメラマンより（　ウ　）に行くようにした。それは、女性レポーターの真似だったのです。彼女は「真似」という言葉は使わなかったのですが、結果的には真似をしたのと同じです。

真似は形から入って、精神的なところに到達する方法です。レポーターとカメラマンとの位置関係だけを見れば、形だけの真似になるでしょう。でも、自分がおもしろいと思うほうに動くことで、形だけではなく、精神的なレベルになります。

最初はよくわからなくて、形だけ真似するのでもかまいません。真似しているうちに、その行動がどういう意味を持っているか、何が大切なのかがわかってくるからです。

(赤羽建美『なぜか必要とされる女性 50 のルール』三笠書房による)

(注1) キャスター：テレビのニュース番組で報道や解説などをする人

(注2) プロデューサー：テレビの番組などの制作を指揮する人

(注3) ホームレス：住む所がなくて公園などで生活する人

(注4) レポーター：テレビの番組などで現場から報道する人

**問1　（　ア　）（　イ　）（　ウ　）に入る言葉として、適当なものはどれか。** 16

1　ア　前　　イ　後ろ　　ウ　後ろ

2　ア　前　　イ　後ろ　　ウ　前

3　ア　後ろ　　イ　前　　ウ　後ろ

4　ア　後ろ　　イ　前　　ウ　前

**問2　①「この女性」とはだれのことか。** 17

1　レポーター

2　キャスター

3　プロデューサー

4　ホームレス

**問3　②「自分の視点を持て」とはどういう意味か。** 18

1　ニューヨークでのホームレスの取材のしかたは自分で見つけろ。

2　ビデオをよく見てどんな点がおもしろいか自分でよく考えろ。

3　取材をするときにはおもしろいことを自分で見つけろ。

4　カメラマンがおもしろいと思う内容を自分でよく考えろ。

**問4　筆者は真似（まね）についてどう思っているか。** 19

1　他の人の真似をすることは、行動の真似と同時に精神的なレベルでも真似をすることになり、大変望ましいことだ。

2　他の人の行動の形だけを真似することは、それだけのことに留まってしまうので、精神的なレベルから始めるべきだ。

3　他の人の真似をしても、精神的なレベルでその人に届くことはありえないので、はじめから真似をしないほうがよい。

4　他の人の行動の形を真似するだけでも、後でその行動の本質的な意味が分かってくるので、そうしたほうがよい。

**問題Ⅲ　次の(1)から(5)の文章を読んで、それぞれの問いに対する答えとして最も適当なものを１・２・３・４から一つ選びなさい。**

(1)　環境破壊がなぜ問題なのかというと、それによってわたしたち人間が困るからです。「地球にやさしい」とか「地球を守れ」などといった言葉にだまされてはいけません。地球上の生物のなかでもっとも総量が多く、なおかつ(注１)あらゆる場所にはびこっているのはおそらくバクテリアのような単細胞生物です。万一地球上の生態系がずたずたに(注２)なり、人間が生きていけないような環境になってもバクテリアは存在しているでしょう。また、もうひとつ重要なのは、環境破壊を生み出しているのもわたしたち人間だということです。人間ほど大規模に環境を改変(かいへん)(注３)してしまった種は他にいません。

（小田亮『ヒトは環境を壊す動物である』筑摩書房による）

（注１）なおかつ：そのうえさらに

（注２）ずたずたになる：破壊されてまとまりがなくなる

（注３）改変(かいへん)する：変える

**【問い】　本文の内容と合っているものはどれか。**　**20**

1　環境問題は、人間にはそれほど問題にならない。

2　環境問題は、人間にとっての問題にほかならない。

3　地球を守るために、環境を大切にしなければならない。

4　地球を守るために、人間を大切にしなければならない。

(2) だれであれ、自分らしい生き方や自分に都合のよい生き方を志向しながら、他者との共同生活にも満足できるための条件を探ってみると、法律婚にせよ、非法律婚にせよ、共通して認められる条件は、男女ともに、それぞれが「自分らしい生き方をしたい」と期待するだけでなく、お互いが「パートナー(注1)の生き方を尊重したい」というレディネス(注2)を持っていることであった。

「自分の生き方を尊重してほしいから相手の生き方も尊重したい」という、このようなごく当然の意識が、「自分らしさ志向」を「共同のもの」にできる条件ではないかと、私自身は考えている。言うなれば、「自分らしさの共同化」である。

(神原文子『家族のライフスタイルを問う』勁草書房による)

(注1) パートナー：相手

(注2) レディネス：ここでは、物事の前提となる気持ち

**【問い】 本文の内容と合っているものはどれか。** **21**

1 お互いに相手の生き方を大切にしたいと考えていても、結局は自分の都合を優先させてしまう。

2 相手の生き方を認めるという気持ちがお互いにないと、もともと共同生活は成立しない。

3 共同生活を通して、相手の生き方を尊重したいという強い気持ちがお互いに育っていく。

4 自分に都合のよい生き方は相手にもよい条件となると信じることで、お互いに満足できる。

(3)

悲しみの感情を示すときには、助けを求める気持ちが含まれている場合が多い。全体が協力しあうことをよしとする集団主義の文化には、その求めを受容(じゅよう)(注1)する備えがある。したがって、悲しみは生じやすい。他方、個人主義の文化では、悲しみは弱みを見せることになるし、人に助けられることを恥と考える。自分が強くなければならず、他者の不当な行為に対しては怒り(注2)を露(あら)わにして戦うことが当然とされる。日本の社会も集団主義から個人主義へと徐々に移行しており、それが（　　　）に反映していると考えられる。

（速水敏彦『他人を見下す若者たち』講談社による）

（注1）受容(じゅよう)する：受け入れる

（注2）怒りを露(あら)わにする：怒りの感情をはっきり出す

**【問い】（　　　）に入る適当なものはどれか。** 22

1　助けの求めの増大と怒りの減少

2　助けの求めの増大と怒りの増大

3　悲しみの感情の減少と怒りの減少

4　悲しみの感情の減少と怒りの増大

(4) 余暇市場は、景気変動に強く左右される分野である。しかしながら現在の余暇産業の低迷(ていめい)(注1)は、景気の低迷が理由ではなく、これまでの金銭消費型レジャーから自己実現を重視したレジャーへの変化という、人々の余暇行動と消費パターン(注2)の変化が原因である。実際レジャーに対する「実需(じつじゅ)」(実際の需要)はむしろ拡大しており、余暇消費の機会はますます増えている。違うのは、人々の余暇消費能力の向上とともに、お金の使い方が、より慎重に、合理的に、そして効果的になってきたという点である。

(冨山浩三「レジャー・スポーツサービス概論」原田宗彦編『レジャー・スポーツサービス論』建帛社による)

(注1)低迷(ていめい):調子が落ちたまま、上がらないこと

(注2)パターン:ここでは、傾向

**【問い】　現在の余暇産業は、なぜ低迷(ていめい)しているのか。** **23**

1　人々の余暇の活動内容とお金の使い方が変化したから

2　人々がレジャーに使えるお金が大幅に減少したから

3　景気の悪化に伴って余暇市場における需要が縮小したから

4　余暇消費の機会の増加により金銭の消費が増大したから

(5) 日本の自然科学研究において、基礎研究が弱いと言われることが多い。右のグラフは2006年に行われた自然科学研究費の支出割合の調査の結果を示したものであるが、確かに「総額」を見ると、基礎研究費と応用研究費と開発研究費の割合は基礎研究費が最も小さく開発研究費が最も大きい。

しかし、「大学等」では基礎研究費の割合が最も大きく、逆に、開発研究費の割合が最も小さい。したがって、機関によってその割合が異なることがわかる。

一方、「非営利(ひえいり)(注1)団体・公的(こうてき)(注2)機関」と「企業等」は共に「総額」と同じように開発研究費の割合が最も大きい。特に「企業等」は開発研究費が基礎研究費の10倍以上で、その割合の大きさが目立つ。また、「非営利団体・公的機関」は「大学等」の次に、基礎研究費の割合が大きいものの、開発研究費の2分の1もない。

このことから、「非営利団体・公的機関」と「企業等」がもっと基礎研究費を増やせば、「総額」の基礎研究費の割合が大きくなることが予測できる。ただ、「企業等」は特に利益を上げることが求められているので、すぐには利益を生み出さない基礎研究の費用を大きくするのは難しそうだ。

(注1) 非営利(ひえいり):金もうけを目的としない

(注2) 公的(こうてき):公共の

**【問い】 文章の内容とグラフが合う組み合わせはどれか。** 24

1 ア:企業等　イ:総額
　ウ:大学等　エ:非営利(ひえいり)団体・公的(こうてき)機関

2 ア:企業等　イ:大学等
　ウ:総額　エ:非営利団体・公的機関

3 ア:総額　イ:企業等
　ウ:非営利団体・公的機関　エ:大学等

4 ア:総額　イ:非営利団体・公的機関
　ウ:企業等　エ:大学等

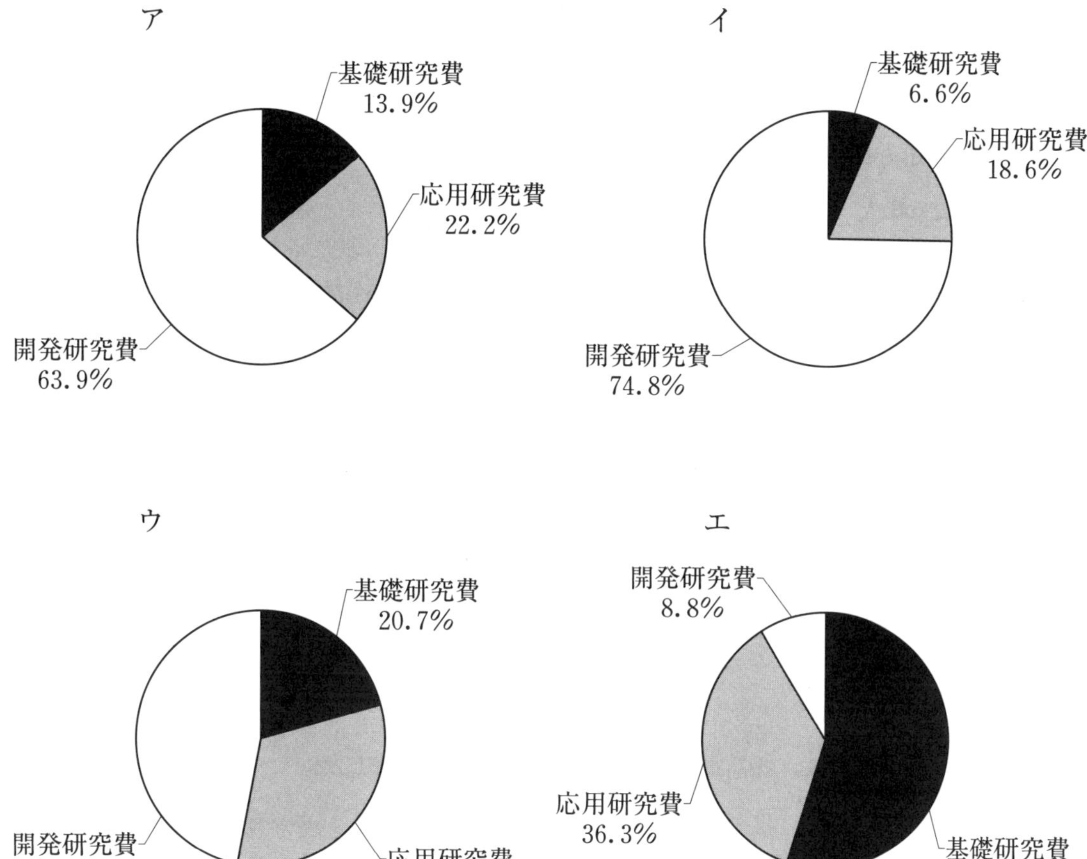


（グラフは総務省「統計でみる日本の科学技術研究　平成18年科学技術研究調査の結果から」〈http://www.stat.go.jp/data/kagaku/pamphlet/s-03.htm〉2009.5.7取得による）

**問題Ⅳ　次の文の＿＿＿にはどんな言葉を入れたらよいか。１・２・３・４から最も適当なものを一つ選びなさい。**

**25** その知らせを聞き、驚き＿＿＿言葉も出なかった。

1　につれて　　2　のあまり　　3　としたら　　4　をよそに

**26** あの映画は、大きな賞をとった＿＿＿何か物足りなかったなあ。

1　につけ　　2　にしては　　3　とあって　　4　といったら

**27** 現行の制度における問題点を、私＿＿＿整理してみました。

1　に対して　　2　にとって　　3　ならでは　　4　なりに

**28** この家は、広さ＿＿＿価格＿＿＿新婚夫婦にぴったりだ。

1　とも／とも　　2　だし／だし

3　であり／であり　　4　といい／といい

**29** 誠に勝手ながら、当店は10月30日＿＿＿閉店いたしました。

1　につき　　2　をもって　　3　にひきかえ　　4　をかわきりに

**30** 文章がうまければ誰でも作家になれる＿＿＿、そんなことはない。

1　かいなか　　2　かのように　　3　かというと　　4　かとみれば

**31** 地震の被害を受けた地域に、十数名の専門家＿＿＿救援隊が派遣された。

1　からなる　　2　からある　　3　に達する　　4　に由来する

**32** 実現できるかどうか＿＿＿、まずは新商品のアイディアをみんなで出してみよう。

1　はさておき　　2　はまだしものこと

3　ならともかく　　4　ならいざしらず

**33** 彼女が会社を辞めたのには、＿＿＿言えない事情があったに違いない。

1　言うともなく　　2　言えばこそ

3　言うなら　　4　言うに

**34** 常に冷静な彼＿＿＿やはり人間だから、感情的にどなってしまうこともあるのだろう。

1　のみ　　2　ほど　　3　とて　　4　ゆえ

**35** このような規則は、実態＿＿＿柔軟に適用すべきだ。

1　とともに　　2　ばかりか　　3　に即して　　4　のみならず

**36** 電車でお年寄りに席を譲ろうとしない高校生を見て、父は「近ごろの若者＿＿＿、困ったものだ」と嘆いていた。

1　とやら　　2　ときたら　　3　とおもいきや　　4　ということは

**37** 土地の値段が下がった＿＿＿、都心の住宅は簡単に買えるものではない。

1　からには　　2　とはいえ　　3　ようでは　　4　こともあって

**38** 店員に＿＿＿高価なバッグを買ってしまい、後悔している。

1　勧められるままに　　2　勧められかねて

3　勧められるべく　　4　勧められんばかりに

**39** このパソコンは、価格や性能＿＿＿、デザインが良いので人気がある。

1　はおろか　　2　もかまわず

3　ならまだしも　　4　もさることながら

**40** 合格と認められるに＿＿＿成績を示さなかった者には再試験を課す。

1　限る　　2　限らない　　3　足る　　4　足らない

**41** 教育＿＿＿好ましくないという理由で、そのドラマの放送が打ち切られることになった。

1　上　　2　次第　　3　のつど　　4　のすえ

**42** 健康のためには階段を使ったほうがいいと＿＿＿、ついエレベーターに乗ってしまう。

1　思いつつ　　2　思えばこそ

3　思うこととて　　4　思ってからというもの

**43** 本日はこのような素晴らしいパーティーに＿＿＿、ありがとうございます。

1　お招きいたし　　2　お招きなさり

3　お招きになり　　4　お招きいただき

**44** パスポートを申請する＿＿＿いろいろな書類や写真を用意する必要がある。

1　だから　　2　だったら　　3　のに　　4　のため

**問題Ⅴ　次の文の＿＿＿にはどんな言葉を入れたらよいか。１・２・３・４から最も適当なものを一つ選びなさい。**

**45** 彼はいつも物事を悲観的に考える＿＿＿。

1　きざしがある　　2　きらいがある

3　つもりがある　　4　きっかけがある

**46** 今年卒業できるかどうかは、これからの頑張りに＿＿＿。

1　あたっている　　2　およんでいる

3　かかっている　　4　かなっている

**47** 自分で料理を作るといっても、せいぜいサラダとかゆで卵＿＿＿。

1　というほどです　　2　というまでです

3　といったことです　　4　といったところです

**48** 「私が悪かった」と素直（すなお）に謝れば、許して＿＿＿。

1　やるまでもない　　2　やるものでもない

3　やらないまでもない　　4　やらないものでもない

**49** この事件の犯人には、強い怒りを＿＿＿。

1　禁じえない　　2　禁じざるをえない

3　禁じるにかたくない　　4　禁じるばかりではない

**50** 状況が変わったのだから、会社の経営計画も見直されて＿＿＿。

1　やまない　　2　たまらない　　3　のことだ　　4　しかるべきだ

**51** 自ら進んでプロジェクトを企画したのに、途中で辞めるなんて無責任＿＿＿。

1　かぎりない　　2　きわまりない

3　のみではない　　4　にはおよばない

**52** 新聞社の調査によれば、１か月に１冊も本を読まない人が60%＿＿＿そうだ。

1　にのぼる　　2　にわたる　　3　を経る　　4　をひかえる

**53** 先日お伝えした日程に誤りがありましたので、今回、改めてご連絡を差し上げた＿＿＿。

1　故（ゆえ）です　　2　限りです　　3　次第です　　4　きりです

**54** 上手になりたければ、毎日短い時間でもいいから練習を続ける＿＿＿。

1　ことだ　　2　ものか

3　ものがある　　4　ことになっている

**問題Ⅵ　次の文の＿＿＿にはどんな言葉を入れたらよいか。1・2・3・4から最も適当なものを一つ選びなさい。**

**55** ここ1週間の忙しさといったらなかったよ。＿＿＿。

1　いつもより残業が少なかったんだ

2　のんびり仕事をすることができたんだ

3　することがなくて、ぼうっとしていたんだ

4　食事をする時間もろくにとれなかったんだ

**56** この絵は本当に素晴らしい。見る者を感動＿＿＿だろう。

1　させずじまい　　2　させてばかり

3　させずにはおかない　　4　させてはいられない

**57** 彼女は若いけれどもとても優秀です。次の仕事はわが社にとって重要ですので、＿＿＿。

1　彼女に任せてやってください

2　彼女に任せようがありません

3　彼女に任せても仕方ありません

4　彼女に任せるはずがないでしょう

**58** 車を買うなら保険に入った方がいいよ。事故を＿＿＿から。

1　起こすのも無理はない

2　起こすどころではない

3　起こさないともかぎらない

4　起こさないのももっともだ

**59** 医者にジョギングはもってのほかだと言われた。しばらくの間、＿＿＿。

1　ジョギングしたほうがいいそうだ

2　ジョギングしてはいけないそうだ

3　ジョギングしなければならないそうだ

4　ジョギング以外はやめたほうがいいそうだ

**Writing/Vocabulary** **問題用紙**

(2009－2)

# 2 級
# 文字・語彙
## (100点　35分)

**注 意**
Notes

1. 試験開始の合図があるまで、この問題用紙を開けないでください。
Do not open this question booklet before the test begins.
2. この問題用紙を持ち帰ることはできません。
Do not take this question booklet with you after the test.
3. 受験番号と名前を下の欄(らん)に、受験票と同じようにはっきりと書いてください。
Write your registration number and name clearly in each box below as written on your test voucher.
4. この問題用紙は、全部で８ページあります。
This question booklet has 8 pages.
5. 問題には解答番号の 1 、 2 、 3 … がついています。答えは、解答用紙にある同じ番号の解答欄(らん)にマークしてください。
One of the row numbers 1, 2, 3 … is given for each question. Mark your answer in the same row of the answer sheet.

| 受験番号　Examinee Registration Number | |
|---|---|

| 名 前　Name | |
|---|---|

**問題Ⅰ　次の文の＿＿＿をつけた言葉は、どのように読みますか。最も適切な読み方を、1・2・3・4から一つ選びなさい。**

**問1**　あの塀(へい)は傾いて[1]いるので近づかないほうがいいですよ。危険[2]です。

| | | | | |
|---|---|---|---|---|
| 1 傾いて | 1 たたいて | 2 きずついて | 3 きずいて | 4 かたむいて |
| 2 危険 | 1 きげん | 2 きけん | 3 きんけん | 4 きっけん |

**問2**　先日宿泊[3]したホテルは、設備[4]が良く快適[5]だった。

| | | | | |
|---|---|---|---|---|
| 3 宿泊 | 1 しゅくはく | 2 しゅっぱく | 3 しょっぱく | 4 しょくはく |
| 4 設備 | 1 よび | 2 せいび | 3 じゅんび | 4 せつび |
| 5 快適 | 1 けつでき | 2 かいでき | 3 かいてき | 4 けつてき |

**問3**　この本を読むと、政治[6]全般[7]についての知識[8]が得られる[9]。

| | | | | |
|---|---|---|---|---|
| 6 政治 | 1 せっじ | 2 せいじ | 3 せっち | 4 せいち |
| 7 全般 | 1 ぜんはい | 2 ぜんぱん | 3 ぜんはん | 4 ぜんぱい |
| 8 知識 | 1 ちじ | 2 ちせい | 3 ちしき | 4 ちえ |
| 9 得られる | 1 えられる | 2 かたられる | 3 のべられる | 4 とられる |

**問4**　昨日は担当者[10]がいなかったため、改めて[11]明日訪ねることにした。

| | | |
|---|---|---|
| 10 担当者 | 1 たんとうしゃ | 2 だんとうしゃ |
| | 3 だんどうしゃ | 4 たんどうしゃ |
| 11 改めて | 1 なぐさめて | 2 あきらめて |
| | 3 あらためて | 4 たしかめて |

**問5**　あの男は、金を盗んだ[12]疑い[13]で調べられているそうだ。

| | | | | |
|---|---|---|---|---|
| 12 盗んだ | 1 はさんだ | 2 つかんだ | 3 たたんだ | 4 ぬすんだ |
| 13 疑い | 1 うたがい | 2 たたかい | 3 うかがい | 4 あつかい |

**問6**　田中さんは情報を処理する能力に優れている。
14　15　16

| | | | | | | | | |
|---|---|---|---|---|---|---|---|---|
| 14 | 情報 | 1 | じょうぼう | 2 | じょうほう | 3 | じょぼう | 4 | じょほう |
| 15 | 処理 | 1 | しょり | 2 | しゅり | 3 | しゅうり | 4 | しょうり |
| 16 | 優れて | 1 | あこがれて | 2 | すぐれて | 3 | あふれて | 4 | めぐまれて |

**問7**　突然、火山が噴火(ふんか)し、溶岩が流れ出した。
17　18

| | | | | | | | | | |
|---|---|---|---|---|---|---|---|---|---|
| 17 | 突然 | 1 | とうぜん | 2 | とつねん | 3 | とつぜん | 4 | とうねん |
| 18 | 溶岩 | 1 | ゆうせき | 2 | ゆうがん | 3 | ようせき | 4 | ようがん |

**問8**　彼女は新しい職場で張り切って働いている。
19　20

| | | | | | | | | | |
|---|---|---|---|---|---|---|---|---|---|
| 19 | 職場 | 1 | しきじょう | 2 | しきば | 3 | しょくば | 4 | しょくじょう |
| 20 | 張り切って | 1 | わりきって | | | 2 | ふりきって | | |
| | | 3 | なりきって | | | 4 | はりきって | | |

**問題Ⅱ　次の文の＿＿＿をつけた言葉は、どのような漢字を書きますか。その漢字を、1・2・3・4から一つ選びなさい。**

**問1**　お申し込みのさい[21]は、以下のじょうけん[22]をよくお読みください。

| | | | | |
|---|---|---|---|---|
| **21** さい | 1　際 | 2　末 | 3　折 | 4　内 |
| **22** じょうけん | 1　状件 | 2　条権 | 3　状権 | 4　条件 |

**問2**　そつぎょう[23]を前に自分のしょうらい[24]のことを考えた。

| | | | | |
|---|---|---|---|---|
| **23** そつぎょう | 1　倅業 | 2　率業 | 3　卒業 | 4　倅業 |
| **24** しょうらい | 1　将来 | 2　召来 | 3　招来 | 4　奨来 |

**問3**　彼は私のあつかましい[25]願いを引き受けてくれた。

**25** あつかましい　1　熱かましい　2　厚かましい
3　温かましい　4　暖かましい

**問4**　日がくれて[26]、あたり[27]は真っ暗になった。

| | | | | |
|---|---|---|---|---|
| **26** くれて | 1　募れて | 2　幕れて | 3　墓れて | 4　暮れて |
| **27** あたり | 1　巡り | 2　周り | 3　辺り | 4　囲り |

**問5**　ぶっか[28]が上がり、しょうひ[29]に影響（えいきょう）が出た。

| | | | | |
|---|---|---|---|---|
| **28** ぶっか | 1　物価 | 2　物貨 | 3　物科 | 4　物値 |
| **29** しょうひ | 1　消費 | 2　省費 | 3　省資 | 4　消資 |

**問6**　彼はきよう[30]で何でもできるので、たのもしい[31]そんざい[32]だ。

| | | | | |
|---|---|---|---|---|
| **30** きよう | 1　記用 | 2　器要 | 3　記要 | 4　器用 |
| **31** たのもしい | 1　頼もしい | 2　希もしい | 3　信もしい | 4　依もしい |
| **32** そんざい | 1　居在 | 2　存在 | 3　在存 | 4　在居 |

**問 7**　野生の動物はかんかく[33]がするどい[34]。

| | | | | |
|---|---|---|---|---|
| **33** かんかく | 1　慣角 | 2　感覚 | 3　感角 | 4　慣覚 |
| **34** するどい | 1　鉛い | 2　鋭い | 3　鈍い | 4　鉱い |

**問 8**　どうろ[35]をおうだん[36]するときは気をつけよう。

| | | | | |
|---|---|---|---|---|
| **35** どうろ | 1　導路 | 2　導渡 | 3　道路 | 4　道渡 |
| **36** おうだん | 1　往段 | 2　横断 | 3　横段 | 4　往断 |

**問 9**　この機械は、今までのものよりふくざつ[37]なこうぞう[38]になっている。

| | | | | |
|---|---|---|---|---|
| **37** ふくざつ | 1　復雑 | 2　福雑 | 3　副雑 | 4　複雑 |
| **38** こうぞう | 1　構像 | 2　講像 | 3　講造 | 4　構造 |

**問10**　今日は私がしかい[39]をつとめさせて[40]いただきます。

| | | | | |
|---|---|---|---|---|
| **39** しかい | 1　仕会 | 2　仕介 | 3　司会 | 4　司介 |

**40** つとめさせて　1　勤めさせて　　2　努めさせて

3　務めさせて　　4　勉めさせて

**問題Ⅲ　次の文の＿＿＿の部分に入れるのに最も適切なものを、1・2・3・4から一つ選びなさい。**

**41** 靴の＿＿＿をしっかり結んでから、ジョギングを始めた。

1　つな　　2　なわ　　3　いと　　4　ひも

**42** その車は制限速度を大きく＿＿＿して走っていた。

1　超過　　2　過剰　　3　通過　　4　過失

**43** 彼はこの国をつくった＿＿＿な王だ。

1　豪華　　2　高級　　3　偉大　　4　上等

**44** 友人がピアノの＿＿＿で優勝した。

1　コンサート　　2　コンクール　　3　コンクリート　　4　コンセント

**45** 長い間しゃがんでいたため、足が＿＿＿立てなくなった。

1　やぶれて　　2　しびれて　　3　つぶれて　　4　くずれて

**46** ここは世界的に有名な観光地なので、外国人に＿＿＿機会が多い。

1　達する　　2　関する　　3　適する　　4　接する

**47** 朝から話し合いを続けているが、なかなか＿＿＿が出ない。

1　結局　　2　完成　　3　完了　　4　結論

**48** A「どちらでも好きな方をあげましょう。」

B「どちらもすてきだから、＿＿＿しまって決められません。」

1　まよって　　2　えらんで　　3　たずねて　　4　くらべて

**49** この新聞は1＿＿＿120円で売られている。

1　通　　2　冊　　3　部　　4　巻

**50** ＿＿＿少しさとうを入れると、もっとおいしくなりますよ。

1　おおよそ　　2　たった　　3　ほんの　　4　めっきり

**問題Ⅳ　次の 51 から 55 は、言葉の意味や使い方を説明したものです。その説明に最もあう言葉を、１・２・３・４から一つ選びなさい。**

51 その物が本来持っていて、ほかにはない目立つ点。

1　傾向　　2　特色　　3　異常　　4　才能

52 怖い目でじっと見る。

1　のぞく　　2　にくむ　　3　にらむ　　4　ねらう

53 レストランなどで料理の名前やねだんを示した表。

1　ランチ　　2　メニュー　　3　セット　　4　サービス

54 ひどく疲れているようす。

1　くたくた　　2　いらいら　　3　まごまご　　4　のろのろ

55 本当かどうか信用できない。

1　つらい　　2　くやしい　　3　ずるい　　4　あやしい

**問題Ⅴ　次の56から60の言葉の使い方として最も適切なものを、１・２・３・４から一つ選びなさい。**

**56** 乗り越す

1　ぼんやりしていて、駅を１つ乗り越してしまった。

2　急いでいたので、スピードを上げて前の車を乗り越した。

3　終点で降りて、そこから別のバスに乗り越した。

4　空港までの道が込んでいたため、飛行機に乗り越してしまった。

**57** 節約

1　父に「うるさい」と言われたので、ステレオの音を節約した。

2　「スーパー」というのは、「スーパーマーケット」を節約した言葉です。

3　いつか自分の家が持てるよう、毎月いくらかずつ銀行に節約している。

4　使っていない部屋のエアコンは止めるようにして、電気代を節約しましょう。

**58** ドライブ

1　雨が降っていたので、駅まで息子をドライブしてやった。

2　家族と海の近くをドライブするのが、休日の楽しみだ。

3　オートバイをドライブするには、特別な免許(めんきょ)が必要だ。

4　子どものころ、飛行機をドライブするのが夢だった。

**59** 礼儀(れいぎ)

1　彼は言葉遣(づか)いもていねいだし、とても礼儀(れいぎ)な人だ。

2　体育館は入学式の会場に使われるので、すっかり礼儀(れいぎ)に飾(かざ)られている。

3　恥ずかしい思いをしないように、きちんとした礼儀(れいぎ)を身につけたい。

4　先生と話すときは、もっと礼儀(れいぎ)したらどうですか。

**60** どっと

1　医者が来るまで、動かないでどっとしていなさい。

2　昨日からどっと待っているのだが、まだ返事が来ない。

3　泣いている子どもの涙を、母はどっとふいてやった。

4　テストが終わると、たまっていた疲れがどっと出た。

**問題Ⅵ　次の 61 から 65 の＿＿＿をつけた言葉の意味に最も似ているものを、1・2・3・4から一つ選びなさい。**

61 この道具にはいろいろな使い道がある。

1　用途　　2　種類　　3　形式　　4　効果

62 この地方に台風が来るのはまれなことです。

1　よくある　　2　ほとんどない

3　時々ある　　4　まったくない

63 それは、おもしろいアイデアですね。

1　案　　2　型　　3　図　　4　説

64 この計画の実現には相互の理解が大切だ。

1　われわれ　　2　みなさん　　3　あいて　　4　たがい

65 彼からの手紙を読んで、がっかりした。

1　満足　　2　心配　　3　失望　　4　安心

Listening

# 問題用紙

(2009－2)

# 2 級
# 聴 解
## (100点 40分)

### 注 Notes 意

1. 試験開始の合図があるまで、この問題用紙を開けないでください。
Do not open this question booklet before the test begins.

2. この問題用紙を持ち帰ることはできません。
Do not take this question booklet with you after the test.

3. 受験番号と名前を下の欄(らん)に、受験票と同じようにはっきりと書いてください。
Write your registration number and name clearly in each box below as written on your test voucher.

4. この問題用紙は、全部で14ページあります。
This question booklet has 14 pages.

5. 問題Ⅰと問題Ⅱでは解答のしかたが違います。例をよく見て注意してください。
Answering methods for Part I and Part II are different. Please study the examples carefully and mark correctly.

6. この問題用紙にメモをとってもかまいません。
You may make notes in this question booklet.

| 受験番号 Examinee Registration Number | |
|---|---|

| 名 前 Name | |
|---|---|

# 問題 I

## 例 1

| 問題 I | | | | |
|---|---|---|---|---|
| 解答番号 | 解答欄(らん) Answer | | | |
| | 1 | 2 | 3 | 4 |
| 例 1 | ① | ② | ● | ④ |
| 例 2 | ① | ② | ● | ④ |

# 例 2

1　44℃

2　41℃

3　39℃

4　34℃

| 問題 I | | | | |
|---|---|---|---|---|
| 解答番号 | 解答欄(らん) Answer | | | |
| | 1 | 2 | 3 | 4 |
| 例 1 | ① | ② | ● | ④ |
| ⇨ 例 2 | ① | ② | ● | ④ |

# 1番

# 2番

# 3番

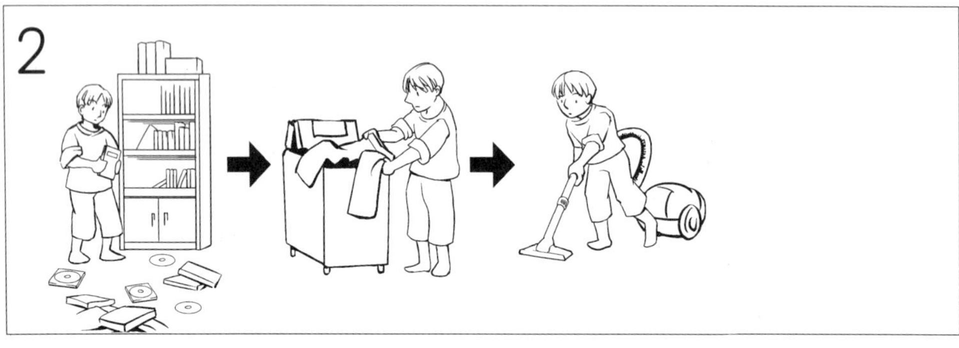


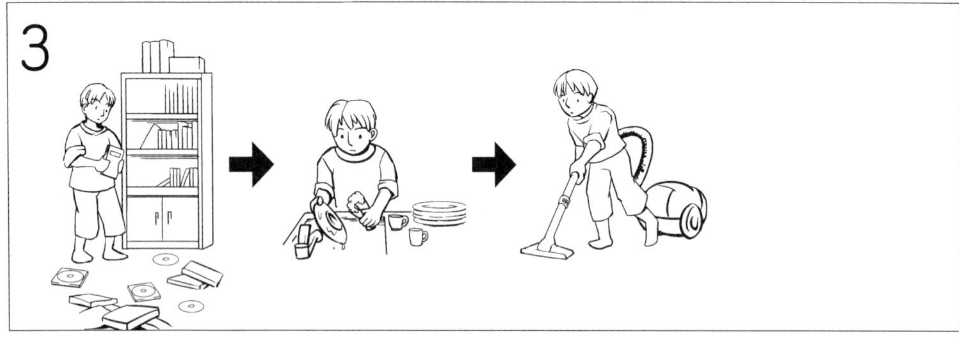

# 4番

1
8月11日
7月31日
7月21日
2
8月11日
7月31日
7月21日
3
7月21日
7月31日
8月11日
4
7月21日
7月31日
8月11日

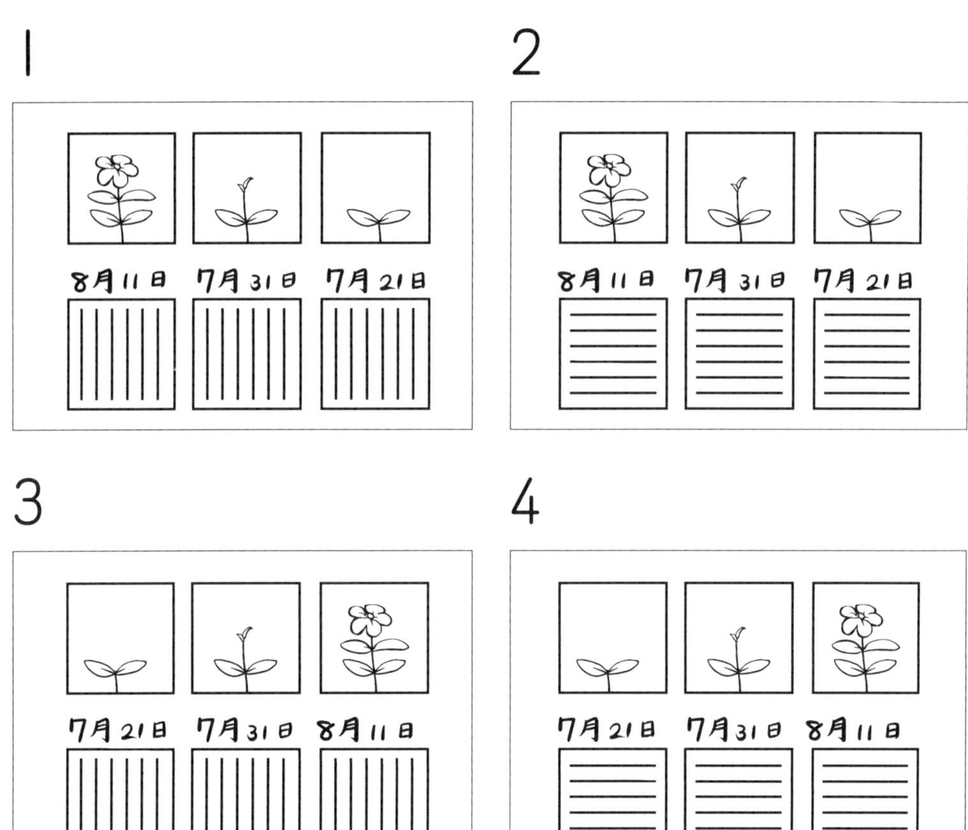

# 5番

1
その他(た)
2%
自転車(じてんしゃ)
19%
55%
電車(でんしゃ)
24%
バス

2
その他(た)
2%
バス
19%
55%
電車(でんしゃ)
24%
自転車(じてんしゃ)

3
その他(た)
2%
バス
23%
46%
電車(でんしゃ)
29%
自転車(じてんしゃ)

4
その他(た)
2%
自転車(じてんしゃ)
23%
46%
電車(でんしゃ)
29%
バス

# 6番

1
2
3
4

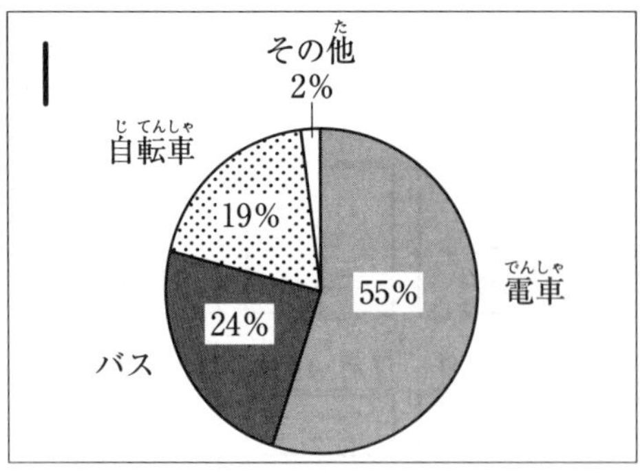

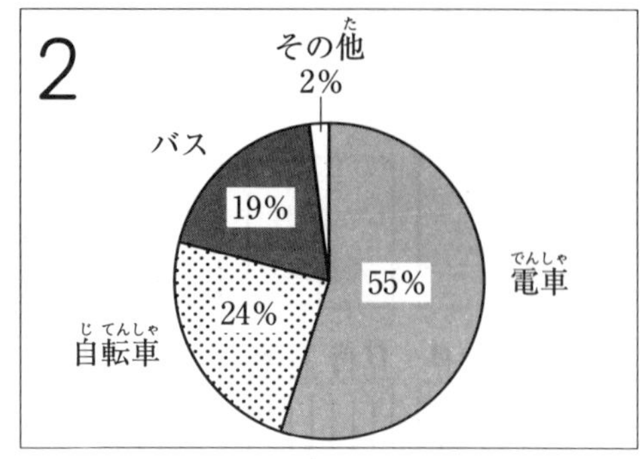

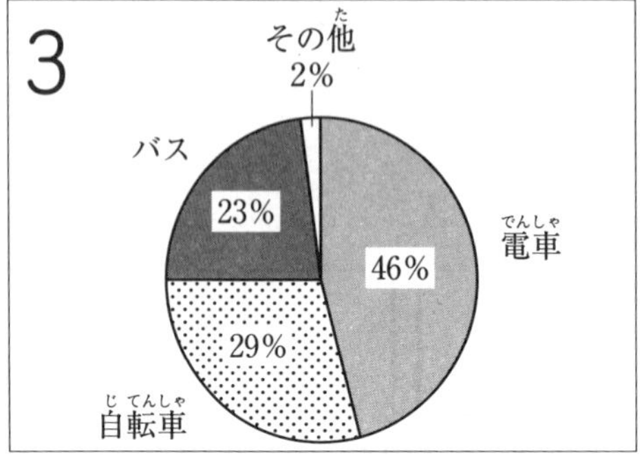

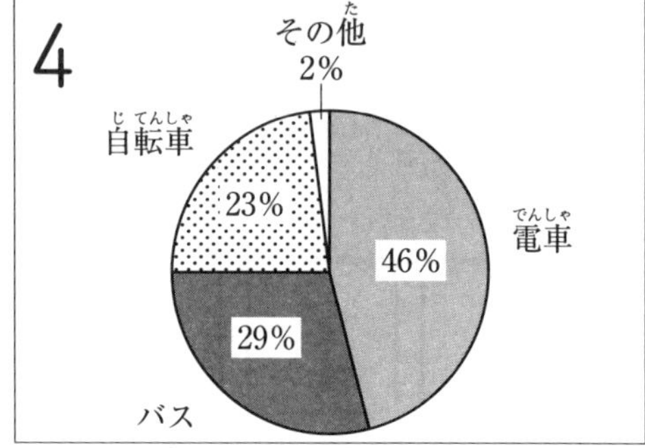

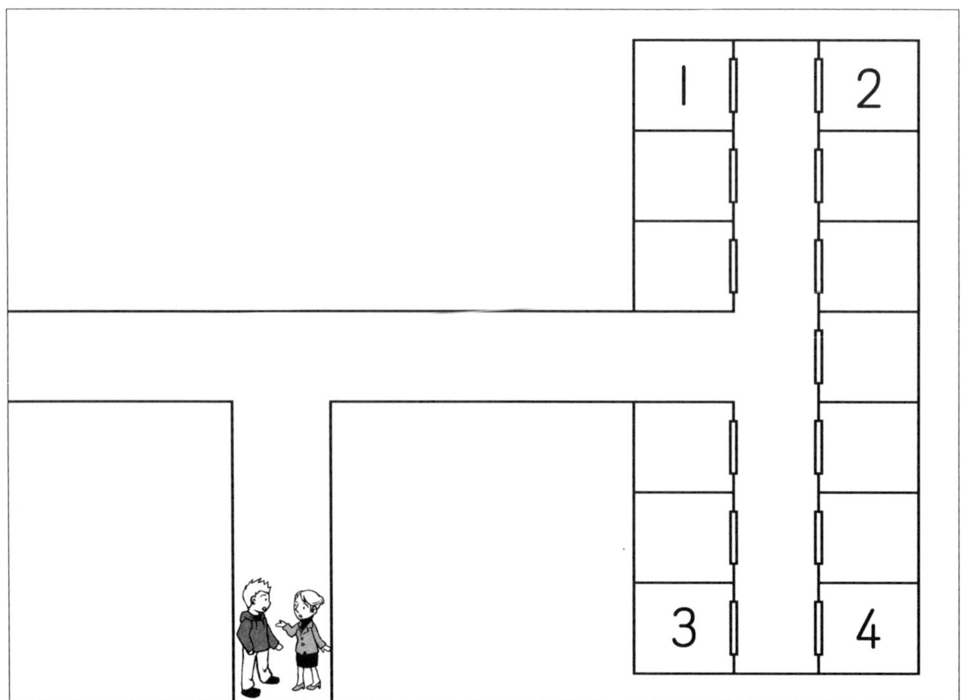

## 7番

日 月 火 水 木 金 土
今日
1 2 3 4 5 6
7 8 9 10 11 12 13
14 15 16 17 18 19 20
21 22 23 24 25 26 27
28 29 30
1
2
3
4

# 8番

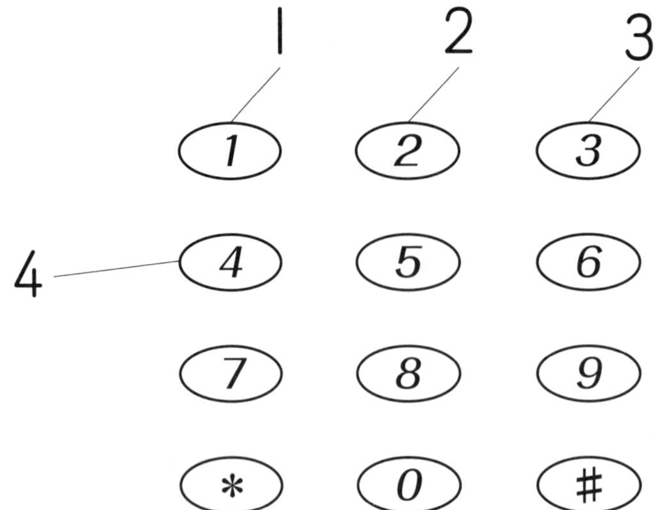

# 9番

Aセット

Bセット

Cセット

1　AセットとBセット

2　AセットとCセット

3　BセットとCセット

4　Cセットを2つ

# 10番

●：人(ひと)

A

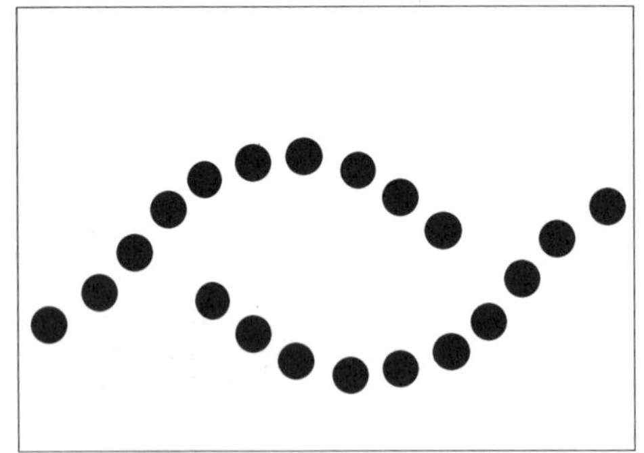

B

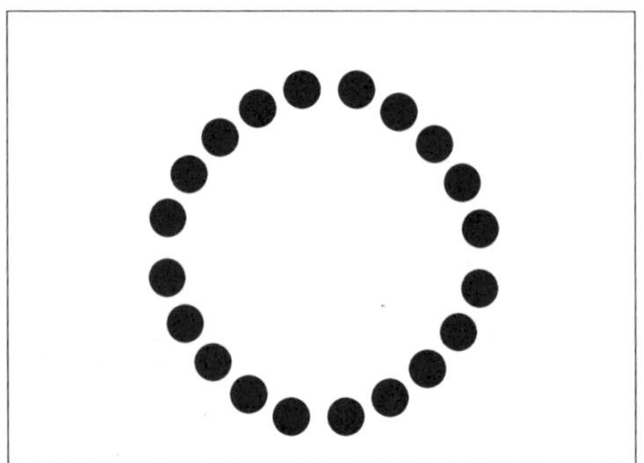

C

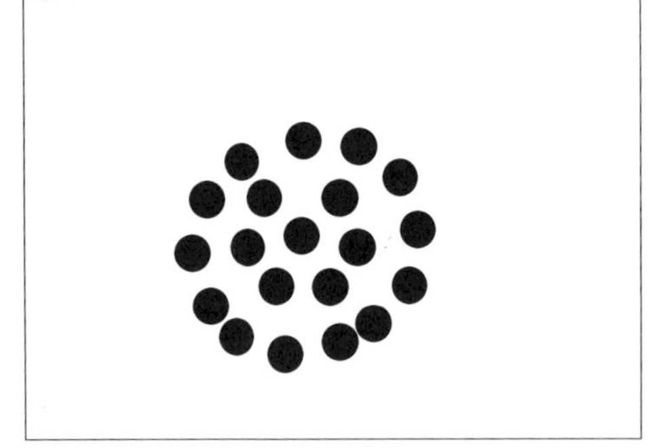

D

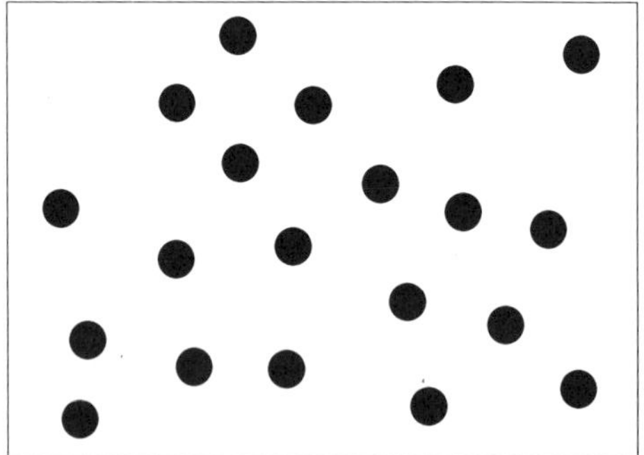

1　A → D → B → C

2　A → D → C → B

3　A → C → B → D

4　A → C → D → B

# 11番

1

すぐにできる
草花を使った遊び

2

すぐ調べられる
庭の草花の育て方

3

公園と庭の
植物図鑑

4

公園の植物から
環境を考える

# 12番

□：つくえ　○：いす

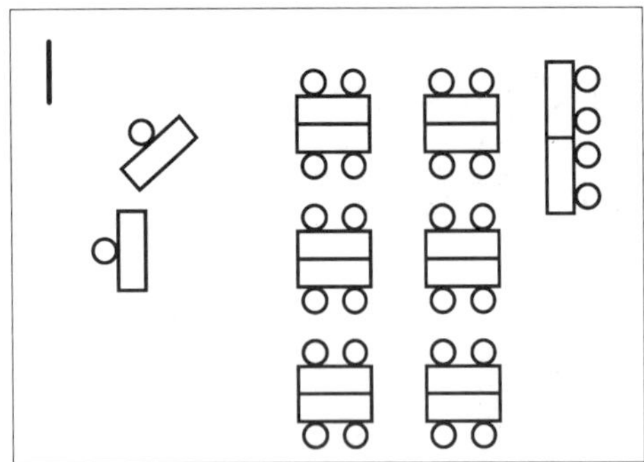


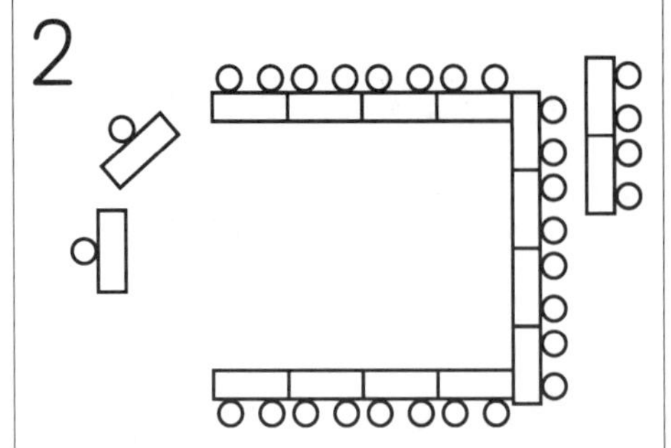


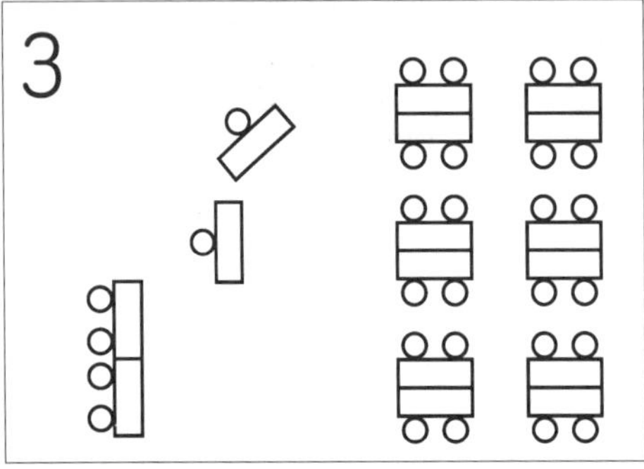


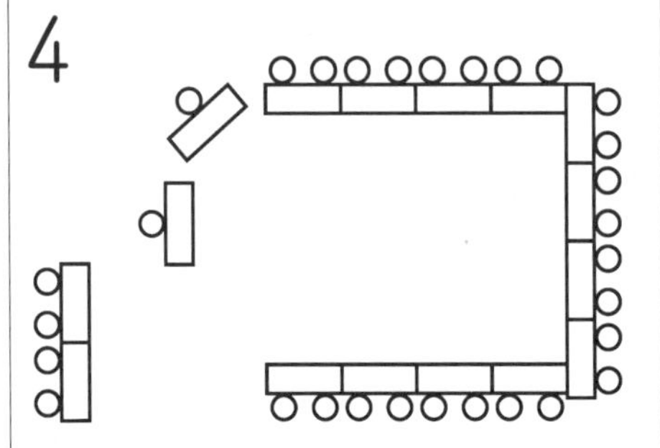

## 13番

## 14番

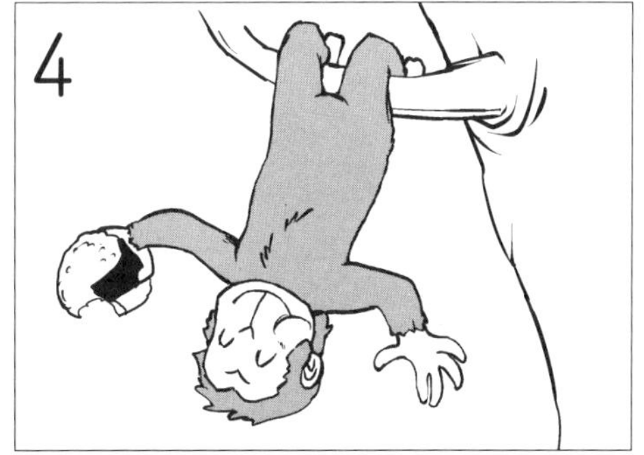

# 問題 II　絵などはありません。

## 例

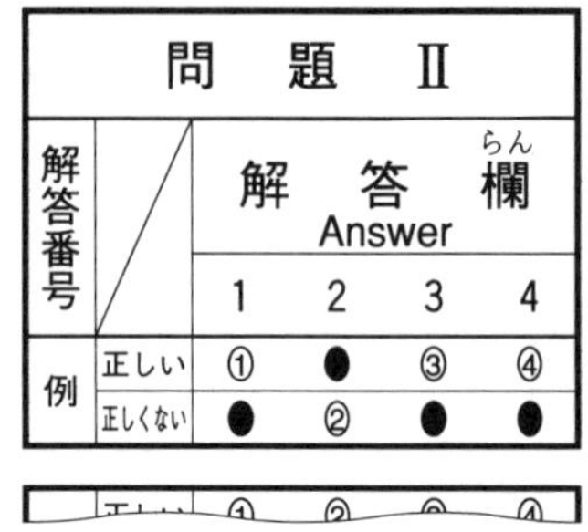

| 問題 II | | | | | |
|---|---|---|---|---|---|
| 解答番号 | | 解答欄（らん） Answer | | | |
| | | 1 | 2 | 3 | 4 |
| 例 | 正しい | ① | ● | ③ | ④ |
| | 正しくない | ● | ② | ● | ● |

このページはメモに使ってもいいです。

Reading/Grammar

# 問題用紙

（２００９－２）

# ２　級
# 読解・文法
# （200点　70分）

注 Notes 意

1. 試験開始の合図があるまで、この問題用紙を開けないでください。
Do not open this question booklet before the test begins.

2. この問題用紙を持ち帰ることはできません。
Do not take this question booklet with you after the test.

3. 受験番号と名前を下の欄(らん)に、受験票と同じようにはっきりと書いてください。
Write your registration number and name clearly in each box below as written on your test voucher.

4. この問題用紙は、全部で20ページあります。
This question booklet has 20 pages.

5. 問題には解答番号の 1 、 2 、 3 … が付いています。答えは、解答用紙にある同じ番号の解答欄(らん)にマークしてください。
One of the row numbers 1, 2, 3 … is given for each question. Mark your answer in the same row of the answer sheet.

| 受験番号　Examinee Registration Number | |
| --- | --- |

| 名前　Name | |
| --- | --- |

**問題Ⅰ　次の文章を読んで、後の問いに答えなさい。答えは、１・２・３・４から最も適当なものを一つ選びなさい。**

最近、人間の認知（にんち）、つまり、「人がどのようにものを見、どのようにものを感じるか」についての研究が進んでいて、それについて勉強する機会が増えました。

そこで知ったこと①なのですが、人間は、起こっているすべてのことを見たり、感じたりするのではなく、そのほんの一部の情報のみを処理するということです。

ちょっと言葉がむずかしくなりましたが、時計を見ている人②には時計のことはよくわかっていても、同じ部屋の、たとえばテレビの番組には目もやっていなければ、音がしていてもほとんど何を聴（き）いているのかを無視（むし）してしまうのです。

記憶（きおく）についても同じことが言えて③、やはり自分の中で気になっていることはよく覚えているし、よく思い出すのですが、そうでないことはほとんど覚えていなかったり、覚えていたとしても思い出すことがほとんどないのです。

（　④　）、こういうことが起こります。

たとえば、自分が気に入っている人や好きな人については、いい面ばかりが見えるし、やってもらったいいことばかりを思い出すのに、嫌（きら）いな人については悪い面ばかりが見えたり感じられたりする。その人⑤がしたことについては、悪いことばかりを思い出すのです。たとえば意地悪な上司（じょうし）（注１）⑥がいたとしても、意地悪だけをしていたら、仕事にはなりません。

たぶん、通常業務（つうじょうぎょうむ）（注２）の命令や指導もしているはずなのに、そのことはまったく目に入らなかったり、記憶に残らないのに、その人のきついことばや、その人にされたことだけを思い出すのです。

つまり、自分のことを不運だ、不幸だと思っている人は、今いる世界の中で、不運なことや嫌（いや）なことばかりが目についたり、感じられたりするし、記憶の中の不幸なこと・不運なことばかりが思い出されるのに、幸運だ、幸せだと思っている人は、同じような体験（たいけん）（注３）の中からでも、幸せなこと、幸運なことを感じ取るし、記憶の中でもいいことを思い出すということなのです。

これは、本人の主観（しゅかん）（注４）的な幸福や不幸につながるのですが、それだけではありません。

幸福で幸運だと思う人は、より積極的に行動をしようとするので、実際の幸運や幸福をつかみやすいのに、不運で不幸と思う人は、どうせやっても無駄（むだ）、うまくいくわけがないと思ってしまって、行動まで消極的になって、現実を打開（だかい）（注５）するチャンスを失ってしまうのです。

（和田秀樹『あなたは、絶対 幸運をつかめる！心理学』新講社による）

（注１）上司（じょうし）：職場で立場が上で、指示を与える人

（注２）通常業務（つうじょうぎょうむ）：普段の仕事

（注３）体験（たいけん）：自分自身で経験したこと

（注４）主観的（しゅかんてき）な：自分個人だけの考え方や感じ方による

（注５）打開（だかい）する：問題を解決して先に進む

**問１　①「そこで知ったこと」とあるが、筆者は何を知ったのか。** **1**

1　人間は、勉強する機会が増えると処理する情報も増えること

2　人間は、起こっているすべてのことを見たり感じたりすること

3　人間は、すべての情報を利用しているわけではないこと

4　人間は、一部の情報しか使わないのにすべてを理解していること

**問２　②「時計を見ている人」の説明として、正しいものはどれか。** **2**

1　テレビも時計も目に入っているが、時計からの情報がより正確だと思っている。

2　テレビも時計も見ているが、どちらが正しいかはあまり考えていない。

3　テレビも時計もどちらも気になるが、時計しか見ている余裕（よゆう）がない。

4　テレビも時計も同じ部屋にあるが、テレビからの情報は意識していない。

**問３　③「記憶（きおく）についても同じことが言えて」とあるが、何と同じなのか。** **3**

1　認知（にんち）

2　情報

3　勉強

4　処理

**問４　（　④　）に入る最も適当な言葉はどれか。** **4**

1　すると

2　しかし

3　それに

4　または

**問5　⑤「その人」とは、だれのことか。**　5

1　好きな人

2　嫌(きら)いな人

3　気に入っている人

4　ほとんど覚えていない人

**問6　⑥「意地悪な上司(じょうし)」の説明として、本文と合っているものはどれか。**　6

1　いつも意地悪しかしないので、仕事にならないことが多く、部下は嫌(いや)な思いをしている。

2　部下に意地悪な上司だと言われているので、通常業務(つうじょうぎょうむ)の命令や指導を聞いてもらえない。

3　いい人なのだが、きついことばで言うことが多いので、部下から意地悪な上司だと思われてしまう。

4　通常業務の命令や指導もしているが、意地悪もするので、そればかりが部下の記憶(きおく)に残ってしまう。

**問7　筆者の考えと合っているものはどれか。**　7

1　自分のことを幸運だ、幸せだと思っていても、悪いことばかり思い出すと、実際より不幸になってしまう。

2　自分のことを幸運だ、幸せだと思っていると、積極的に行動できるので、実際に幸福になれることが多い。

3　自分のことを不運だ、不幸だと思っていると、積極的に行動しても、実際に幸福になれるチャンスは少ない。

4　自分のことを不運だ、不幸だと思っていても、いいことを思い出すようにすれば、実際に不幸にはならない。

**問題Ⅱ　次の(1)から(3)の文章を読んで、それぞれの問いに対する答えとして最も適当なものを１・２・３・４から一つ選びなさい。**

(1)　忘れがたい記憶として心に残っている親子がいる。勉強が苦手で、運動も苦手。場の空気もうまく読めない。いじめの対象にならないか心配で、私もその子の状態に注意しながら、指導していた。

ある日、家庭訪問をした。お母さんと話をしていたところ「私は親というものがどうすべきものかわからない。いつも迷ってばかりで、子どもといるのがつらい」と言う。幼少のころ家庭環境に恵まれず、家族や家庭に幸せなイメージを持てないでいるつらさが伝わってきた。

私は衝撃を受けた。それまで家族の喜びを、当たり前のものとして考えていたからだ。だが、そのお母さんの言葉は、家族のいる幸福が決して当たり前でなく、学習や経験をして初めて得られるものだということを示していた。

以後思う。子どもに大人になっても幸福な生活をおくらせたいなら、まず子どもの今を幸せに生かしてやることだ。

ところが、受験競争の中で睡眠時間を削って勉強し、成功をつかんだ若者は、睡眠時間を削ることを恐れない。ビジネスマンとなっても、睡眠時間を削って働く。子どものころ家族だんらんなどに縁のないまま育ったとすると、親になっても、その必要を感じないことだってあるだろう。

(陰山英男『子どもと伸びる』日経プラスワン 2008年５月10日付による)

(注１)　空気が読めない：まわりの人の考えや気持ちを感じ取れない

(注２)　家庭訪問：親と話し合うために学校の教師が子どもの家を訪問すること

(注３)　幼少のころ：子どものころ

(注４)　衝撃を受ける：とても驚く

(注５)　ビジネスマン：ここでは、サラリーマン

(注６)　家族だんらん：家族が集まり、楽しい時間を過ごすこと

(注７)　縁がない：ここでは、実際に経験したことがない

**問1　この母親が①「子どもといるのがつらい」と感じていたのはなぜか。** 8

1　子どもが勉強も運動も苦手で場の空気も読めないから

2　子どもが学校でいじめの対象になっているから

3　親としてどうすべきなのかが分からないから

4　親が子どもに勉強をどう教えたらいいか知らないから

**問2　②「家族の喜び」とは、どのようなものか。** 9

1　家族のために自分にも何かできることがあるという喜び

2　家族のメンバーが受験や仕事などで成功（せいこう）して感じる喜び

3　家族と一緒に楽しく過ごすことによって感じる喜び

4　家族が学校に幸せなイメージを持っているという喜び

**問3　③「睡眠（すいみん）時間を削（けず）ることを恐れない」とあるが、なぜか。** 10

1　睡眠時間を削ってでも、家族だんらんの時間を作ろうとしているから

2　睡眠時間を削って勉強することによって、それまで成功してきたから

3　睡眠時間を削らないと、大人になって幸せになれないと信じているから

4　睡眠時間を削ることが当たり前で、それが家族にとって幸せだから

**問4　筆者が本文中の親子から学んだことはどんなことか。** 11

1　家族のいる幸福は、どんな家庭においても、普段の生活の中で感じられるものだということ

2　家族のいる幸福は、受験勉強や仕事を通して、一生懸命（けんめい）努力しないと持てないものだということ

3　家族のいる幸福は、いじめられたり家庭環境に恵まれない子どもほど、強く感じるものだということ

4　家族のいる幸福は、当たり前のものではなく、学習や経験をして得られるものだということ

(2) 嫌いだった野菜が食べられるようになったときのことを思い出してください。

嫌いな野菜を食べるときにも、大人への階段を意識することがあったのではないでしょうか。

ぼくが子供の頃は卵が貴重品だったのですが、その大好きな卵料理に、大嫌いなニンジンやピーマンが入ってるときは正直悲しかった。子供心に「なんてことしてくれるんだ」と思うわけですが、それでも我慢して食べなければならない。半分は大好きな卵ですから、全部嫌いになったわけではない。

そして嫌いなものと好きなものが一緒になっている料理を食べているうちに、なんとなく「大人になったなあ」という気分を味わったものです。ある種の誇らしさ(注1)を覚えたといってもいいでしょう。

こういう経験①から、子供は未来を自覚(注2)していくのかもしれません。

今は何でもあるから、嫌いなものを無理して子供に食べさせることはないだろうと考える人が増えました。卵が好きな子には卵だけ食べさせる。ニンジンやピーマンは大人になれば自然に食べるようになるだろう……というのは大きな間違いで、子供向きのものばかりを与えられてきた彼らには、それを好きになるチャンスがありません。

情報やエンタテイメント(注3)もそう。「子供向き」②というものをわざわざ作って、大人の世界と隔離(注4)してしまうから、大人になってからも、情報に偏り(注5)があることのおかしさに気づかない③。

なんでもあるから自由に選べる、自由に選ぼう、という態度でいては、結局のところ、好きなものしか選ばない状況を作り出すだけなのです。食べ物が偏食(注6)なら、情報だって偏食。いつまで経っても、自分の好きなものにしか興味を持たない。結果的に世界が拡がっていくのを阻害(注7)している。

ぼくは随分前から「情報の偏食時代が始まった」と言い続けてきたのですが、その傾向はますます加速する一方です。

(大林宣彦『なぜ若者は老人に席を譲らなくなったのか』幻冬舎による)

(注1) 誇らしさ：誇りに思う気持ち

(注2) 自覚する：自分で感じ取る

(注3) エンタテイメント：娯楽

(注4) 隔離する：離す

（注５）偏(かたよ)りがある：バランスがとれていない

（注６）偏食(へんしょく)：好きなものしか食べないこと

（注７）阻害(そがい)する：じゃまをする

**問１　①「こういう経験」とは、どのようなものか。** 12

１　嫌(きら)いなものが入った料理を食べられたことで、大人になったと感じた経験

２　好きな卵料理に嫌いな食べ物が入っていて、とても悲しく思った経験

３　卵が貴重(きちょう)であることを知って、ありがたく思いながら味わって食べた経験

４　大人になった気分を味わうために、嫌いなものも我慢(がまん)して食べた経験

**問２　筆者の述べている②「『子供向き』」のものとは、どのようなものか。** 13

１　大人への階段を上るチャンスとなるもの

２　大人も子どもも一緒に興味(きょうみ)を持てるもの

３　子どもが好きなものだけ寄せ集めたもの

４　子どもが自分の判断で自由に選んだもの

**問３　③「気づかない」とあるが、なぜ気づかないのか。** 14

１　大人になるまで大人の世界のことしか知らなかったから

２　大人になって初めて「子供向き」のものを知ったから

３　子どもの時から嫌いなものも一緒に与えられてきたから

４　子どものころから好きなものしか与えられなかったから

**問４　筆者の考えと合っているものはどれか。** 15

１　子どもの世界が広がるように、好きなものも嫌いなものもすべて一緒に与えるべきだ。

２　子どもに広く興味を持たせるためには、「子供向き」とされるものが一番である。

３　子どもが好きなものを選べないのは、大人の世界と大きく隔離(かくり)されているからだ。

４　子どもの情報に偏(かたよ)りがあるのは、食べ物に偏りがあることが原因だと考えられる。

**(3)** なにが原因だったか、私は弟とけんかになった。①列車はむきあって座る四人掛け（注1）だったから、進行方向むきの席（注2）のうばいあいだったのだと思う。前に座っていた弟が私の帽子をいきなりつかむと、窓から放り投げた。一瞬なにが起きたのかわからなかった。ぼーぜんと（注3）外を見た私の目に、青い空を逃げるように飛んでいく白い帽子がみえた。そのとたん私は火がついたように泣き出した。②でもおどろいて見上げたときの空の色は今でも忘れられない。青く、明るくどこまでも広がっていた。その中を私の帽子は喜んでいるように飛んでいったのだ。

あのときから、帽子は私の目のなかで、空を飛び続けている。どこかに落ちて、さびしくよごれていくなんて考えるのはいやだったから、少しずつおおきく立派になりながら。③今ごろはきっと宇宙船になっているだろう……あのときの悲しい気持ちが忘れられなくって、こんなふうにしつっこく（注4）思い続けている。（中略）青いきれいな空を見るたびに、私はこの白い帽子のことを思い出す。このことがあってから空は私にとって特別なものになってしまった。そこは過ぎた時間と今の時間がかさなっているところなのだ。④今見ている景色っていったいなんだろう。昔が入りこむと、今がいっそう今らしく見えてくるから不思議だ。

（角野栄子『ファンタジーが生まれるとき』岩波書店による）

（注1）四人掛け：４人用の席

（注2）進行方向むきの席：進む方に向かって座る席

（注3）ぼーぜんと：何が起こったか、よくわからないようすで。普通「ぼうぜんと」と書く。

（注4）しつっこく：普通「しつこく」と書く。

**問１　①「私は弟とけんかになった」とあるが、どんなけんかだったのか。** 16

1　白い帽子を２人ともかぶりたくて、列車の中で取り合いになった。

2　２人が席を取り合って、弟が筆者の帽子を列車の外に放り投げた。

3　好きな席に座れなかった弟が、怒って自分の帽子を外に放り投げた。

4　帽子のうばい合いになり、お互いの帽子を列車の窓から放り投げた。

**問２　②「泣き出した」とあるが、筆者はなぜ泣いたと考えられるか。** 17

1　帽子はどこかに落ちて、汚れてしまうと思ったから

2　帽子の白と青い空とが、とても美しいと思ったから

3　空を高く飛んでいる帽子を見て、すごいと思ったから

4　窓の外の帽子は、もうもどってこないと思ったから

**問３　③「少しずつおおきく立派（りっぱ）になりながら」とあるが、何が大きく立派になっているのか。** 18

1　帽子

2　弟

3　筆者

4　列車

**問４　④「そこは過ぎた時間と今の時間がかさなっているところなのだ」とあるが、筆者の気持ちは次のどれか。** 19

1　昔帽子が飛んでいった青い空を見て、筆者は今も弟とけんかをしてしまったことを悲しく思っている。

2　昔列車の窓から飛んでいった帽子が、筆者の心の中では宇宙船となり、筆者は今それをとても喜んでいる。

3　今見上げる青空は、昔列車の窓から飛んでいった帽子を思い出させ、今と昔が結びついているように思われる。

4　昔白い帽子がなくなった時はとても悲しかったが、今は美しい思い出として受け止められるようになった。

**問題Ⅲ　次の(1)から(5)の文章を読んで、それぞれの問いに対する答えとして最も適当なものを１・２・３・４から一つ選びなさい。**

(1)

現代に生きる私たちが美術館へ行くことの社会的な意味は、自分とはちがった人がこの世(よ)(注1)のなかにはたくさんいて、彼らは自分とはちがった世界を見ている……ということを知ることにある。世界は均質(きんしつ)(注2)でも均一(きんいつ)(注3)でもない。世のなかには人の数だけちがった価値観(かちかん)が存在し、一枚の絵を見ても、だれ一人として、まったく同じことを感じたりはしないはずなのだ。

（岩渕潤子『美術館で愛を語る』ＰＨＰ研究所による）

（注１）この世(よ)：この世界

（注２）均質(きんしつ)：同じ性質を持っていること

（注３）均一(きんいつ)：すべてが等しいこと

**【問い】　筆者の考えと合っているものはどれか。**　20

1　人は全く同じことを感じることはないが、美術館へ行けば同じ絵を好む人と出会える。

2　人はそれぞれに価値観(かちかん)が異なるため、人それぞれに絵を見て感じるものが異なる。

3　人は美術館へ行くことで、普段自分が生きている世界とは違った世界が見られる。

4　人は異なる価値観を持つため、違った世界が見たくなったとき美術館に集まる。

(2)　(次の文章は、自然の中に生きるサルについて述べたものである。)

サルにエサを与える人は、野生(やせい)動物(注1)をペットと勘(かん)ちがいし、食べものをやることによって楽しい気分になったり、いいことをしたような気持ちになったりする。人とサルは接触(せっしょく)(注2)することなく暮らすのが自然な姿(すがた)だ。(中略) エサをやる人が、サルに「どうしたの？」と話しかけたり、連れの人を横に立たせて楽しそうに写真を撮(と)ったりする。それはペットと勘ちがいしている証拠(しょうこ)(注3)だ。

(毎日新聞科学環境部『生きものたちのシグナル』岩波書店による)

(注1) 野生(やせい)動物：人間に飼(か)われていない自然のままの動物

(注2) 接触(せっしょく)する：ここでは、近づいたりさわったりする

(注3) 証拠(しょうこ)：あることが正しいことを明らかにするもの、証明(しょうめい)するもの

**【問い】　筆者の意見として、最も適当なものはどれか。**　21

1　サルに話しかけるのは、サルとヒトとの自然な姿(すがた)として理想的だ。

2　ペットと同じようにサルに接するのは、自然な姿ではない。

3　エサをサルにやるのは自然な姿の一つで、見ていて楽しい。

4　エサをサルに与えないのは、野生(やせい)動物に対する自然な姿ではない。

(3) 旅に出る時はいつも、少し気が重いのです。面白くて刺激(しげき)的な出来事が旅先で待っているであろうことは理解しているけれど、何ら(注1)不便を感じることのない日常世界から少しのあいだ離(はな)れなくてはならないのが、不安でありおっくう(注2)であり。

一方で旅は、日常生活から逃げるという行為(こうい)(注3)でもあります。面倒臭(くさ)い諸問題や憂鬱(ゆううつ)な(注4)気分から一時的に足抜け(あしぬ)(注5)するために、人は旅に出るのでもありましょう。

ぬるま湯から出る時のような「このままでいたいのに」という気分が、半分。できるだけ早く遠くまで逃げたい気分も、半分。そんな気分で私は、出発の日を迎えました。

(酒井順子「韓流鉄道ぐるり旅」『旅』2004年8月号新潮社による)

（注1）何ら：少しも

（注2）おっくうだ：面倒で気が進まない

（注3）行為(こうい)：行うこと

（注4）憂鬱(ゆううつ)な：気持ちがしずんで暗い

（注5）足抜(あしぬ)け：逃げること

**【問い】** 「そんな気分」とはどんな気分のことか。 **22**

1 日常生活から離(はな)れたくない一方で、その中の面倒なことから逃げたい気分

2 普段の生活の中にはない刺激(しげき)的な出来事を、旅で見つけてみたい気分

3 日常生活を不安に思いながらも、旅に出るのはおっくうだという気分

4 普段の生活では楽しめないことを、旅の間は大切にしようという気分

(4) 昔から金庫は黒いものが多い。会社に置いてある大きな金庫も、映画に出てくる巨大な金庫も黒いものが中心。総務(そうむ)(注)に置いてある小さい金庫も深い緑色。これはどうしてだろうか？　盗難防止用の金庫は、簡単に壊(こわ)せない構造になっていて、簡単に持っていかれないように重くできている。しかし、物理的に重くするのには限界がある。そこで心理的に重く感じる色にしておき、簡単に持っていけなさそうな効果を狙(ねら)っているのだ。白と黒では心理的に2倍近くの重さの差を感じる。色を黒くするだけで、金庫は盗難防止の効果が期待できるのだ。

(ポーポー・ポロダクション『マンガでわかる色のおもしろ心理学 青い車は事故が多い？ 子供に見せるとよい色とは？』ソフトバンク クリエイティブによる)

（注）総務(そうむ)：会社などで人事管理などをするところ

**【問い】　本文の内容と合っているものはどれか。** 23

1　黒い金庫は物理的に壊(こわ)れにくく見える。

2　黒い金庫は白い金庫の2倍近くある。

3　金庫は黒ければ黒いほど盗まれなくなる。

4　黒い金庫は重そうなので盗まれにくい。

(5) 日本の自然科学研究において、基礎研究が弱いと言われることが多い。右のグラフは2006年に行われた自然科学研究費の支出割合の調査の結果を示したものであるが、確かに「総額」を見ると、基礎研究費と応用研究費と開発(注1)研究費の割合は基礎研究費が最も小さく開発研究費が最も大きい。

しかし、「大学等」では基礎研究費の割合が最も大きく、逆に、開発研究費の割合が最も小さい。したがって、機関によってその割合が異なることがわかる。

一方、「非営利(注2)団体・公的(注3)機関」と「企業等」は共に「総額」と同じように開発研究費の割合が最も大きい。特に「企業等」は開発研究費が基礎研究費の10倍以上で、その割合の大きさが目立つ。また、「非営利団体・公的機関」は「大学等」の次に、基礎研究費の割合が大きいものの、開発研究費の２分の１もない。

このことから、「非営利団体・公的機関」と「企業等」がもっと基礎研究費を増やせば、「総額」の基礎研究費の割合が大きくなることが予測できる。ただ、「企業等」は特に利益を上げることが求められているので、すぐには利益を生み出さない基礎研究の費用を大きくするのは難しそうだ。

（注１）開発：新しいものを考え、実際に使えるようにする
（注２）非営利：金もうけを目的としない
（注３）公的：公共の

**【問い】　文章の内容とグラフが合う組み合わせはどれか。** 24

1　ア：企業等　　イ：総額
　ウ：大学等　　エ：非営利団体・公的機関

2　ア：企業等　　イ：大学等
　ウ：総額　　エ：非営利団体・公的機関

3　ア：総額　　イ：企業等
　ウ：非営利団体・公的機関　　エ：大学等

4　ア：総額　　イ：非営利団体・公的機関
　ウ：企業等　　エ：大学等

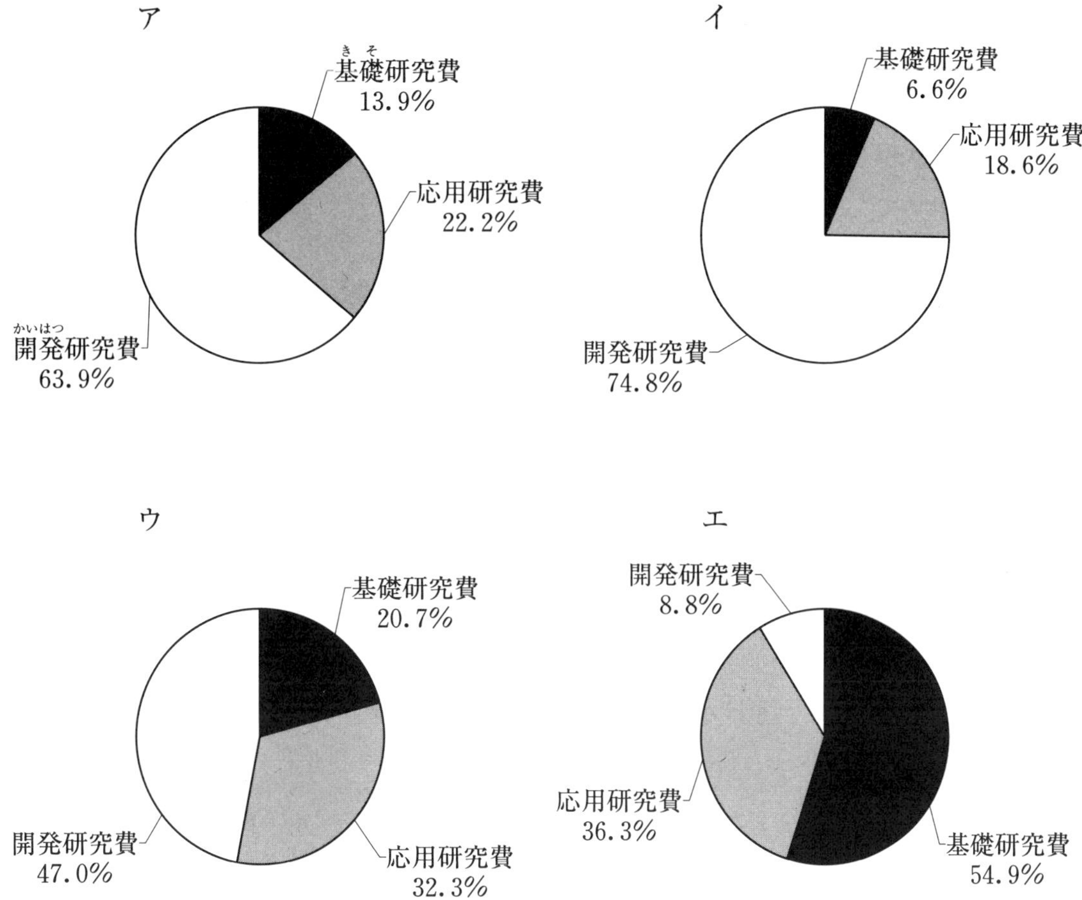


（グラフは総務省「統計でみる日本の科学技術研究　平成18年科学技術研究調査の結果から」〈http://www.stat.go.jp/data/kagaku/pamphlet/s-03.htm〉 2009.5.7取得による）

**問題Ⅳ　次の文の＿＿＿にはどんな言葉を入れたらよいか。1・2・3・4から最も適当なものを一つ選びなさい。**

**25** 皆さまの＿＿＿無事に閉会式を迎えることができました。

1　せいで　　2　わけで　　3　おかげで　　4　きっかけで

**26** きのう私が調べた＿＿＿、工場の機械に問題はなかった。

1　限りでは　　2　次第では　　3　うえでは　　4　ようでは

**27** テーブルの上に＿＿＿ケーキがおいてある。

1　食べぬいた　　2　食べかけの　　3　食べきった　　4　食べはじめの

**28** 彼は何でもよく知っている＿＿＿、友だちに「博士（はかせ）」と呼ばれている。

1　ことに　　2　ことから　　3　ことなく　　4　ことだから

**29** 最初は怖くてプールに入ること＿＿＿できなかったが、今では50メートルも泳げるようになった。

1　ばかり　　2　だけ　　3　こそ　　4　さえ

**30** 日本＿＿＿、私は桜（さくら）を連想します。

1　にとって　　2　にしては　　3　といえば　　4　とみえて

**31** これから私が＿＿＿パソコンを操作してください。

1　言うとおりに　　2　言いつつも

3　言って以来　　4　言うなら

**32** 1年間の休暇（きゅうか）がとれた＿＿＿、どんなことがしたいですか。

1　とともに　　2　としても　　3　としたら　　4　というより

**33** 図書館のご利用＿＿＿は、以下の点にご注意ください。

1　にそって　　2　に際して　　3　に基づいて　　4　にしたがって

**34** 出席＿＿＿欠席＿＿＿、招待状の返事は早く出したほうがいい。

1　しては／しては　　2　したり／したり

3　するやら／するやら　　4　するにしろ／するにしろ

**35** その島では、森林の減少(げんしょう)＿＿＿、鳥や動物の数が減ってきている。

1　にともなって　2　をたよりに　3　をめぐり　4　に対し

**36** しばらく連絡がない＿＿＿、そんなに心配することはないよ。

1　と思うと　2　からには　3　とならんで　4　からといって

**37** 妹は、体操の選手＿＿＿体がやわらかい。

1　ぎみに　2　がちに　3　みたいに　4　ばかりに

**38** ひざに痛みがある＿＿＿、まだ運動をしないでください。

1　うえに　2　からは　3　うちは　4　ところを

**39** 新しい携帯(けいたい)電話は、写真がとれるだけじゃなくて、テレビ＿＿＿見られるんだよ。

1　にまで　2　だって　3　よりか　4　のくせに

**40** この人形は、「こんにちは」「さようなら」＿＿＿簡単な言葉を話します。

1　ほどの　2　ばかりの　3　にのぼる　4　といった

**41** アルバイト料は、昼は１時間＿＿＿800円ですが、深夜は1000円です。

1　につけ　2　につき　3　にとり　4　により

**42** パスポートを申請(しんせい)する＿＿＿いろいろな書類や写真を用意する必要がある。

1　のに　2　のため　3　だから　4　だったら

**43** あの経営者は、不良品(ふりょうひん)と＿＿＿ながら製品を販売していた。

1　知っている　2　知らない　3　知ろう　4　知り

**44** この問題について＿＿＿考えるほど、頭の中が混乱してきた。

1　考えれば　2　考えて　3　考えた　4　考え

**問題Ⅴ　次の文の＿＿＿にはどんな言葉を入れたらよいか。1・2・3・4から最も適当なものを一つ選びなさい。**

**45** このマンガは若い人の間ですごくはやっているので、高校生が＿＿＿よ。

1　知っているわけにはいかない　　2　知っているわけではない

3　知らないわけがない　　4　知らないわけだ

**46** 賞をもらったのは弟だというのに、彼女の喜ぶようすは自分が賞をもらった＿＿＿。

1　のも当然だ　2　かのようだ　3　というものだ　4　にちがいない

**47** 書類のミスがあまりに多かったので、担当者に文句(もんく)を＿＿＿。

1　言わないのも無理はなかった　　2　言わずにはいられなかった

3　言わないに違いなかった　　4　言わずにすんだ

**48** こんな難しい曲はひけませんよ。ギターは20年前に習った＿＿＿。

1　きりですから　　2　ほどですから

3　までですから　　4　ばかりですから

**49** 海外旅行には行きたいけれど、お金がないから、あきらめる＿＿＿。

1　かぎりだ　　2　ことはない

3　おそれがある　　4　よりしかたがない

**50** このイベントが成功(せいこう)したのは、周囲の支援(しえん)とメンバー全員の努力の結果＿＿＿。

1　になくてはならない　　2　にほかならない

3　にあたらない　　4　にすぎない

**51** 自分がこんなに早く結婚するとは＿＿＿。

1　思ってもみなかった　　2　思ってはいられない

3　思ってばかりいる　　4　思ってよかった

**52** 上手になりたければ、毎日短い時間でもいいから練習を続ける＿＿＿。

1　ものか　　2　ものがある

3　ことだ　　4　ことになっている

**53** こちらは山本先生の奥さまで＿＿＿。

1　います　　　　2　おります

3　いられます　　　　4　いらっしゃいます

**54** パーティーはあまり好きではないが、今回は＿＿＿ねばならない。

1　行か　　2　行き　　3　行く　　4　行け

**問題Ⅵ　次の文の＿＿＿にはどんな言葉を入れたらよいか。１・２・３・４から最も適当なものを一つ選びなさい。**

55 勝負は勝てばよい＿＿＿。どんな勝ち方をしたのかが重要である。

1　のであろう　　2　のではないか

3　ということだ　　4　というものではない

56 A「あの映画、すごく人気があって込んでいるみたいだから、早く行こうよ。」

B「そうはいっても、＿＿＿。」

1　映画館には早く行ったほうがいいよ

2　あの映画はとても評判がいいらしいよ

3　まだ仕事があるから、すぐには行けないよ

4　用事が済んだから、映画を見る時間ならあるよ

57 ちゃんと前を見て運転してよ。今、となりの車に＿＿＿よ。本当に危なかったんだから。

1　ぶつかるところだった　　2　ぶつかったところだ

3　ぶつかってしまった　　4　ぶつかろうとした

58 彼女は若いけれどもとても優秀(ゆうしゅう)です。次の仕事はわが社にとって重要ですので、

＿＿＿。

1　彼女に任せるはずがないでしょう

2　彼女に任せても仕方ありません

3　彼女に任せてやってください

4　彼女に任せようがありません

59 今年の夏休みは旅行どころではなかった。というのは、＿＿＿からだ。

1　みんなが家でのんびりしていた　　2　父が病気で入院してしまった

3　夏休みに旅行に行けなかった　　4　私が海で泳ぎたくなかった

# 1 級　2009-2　日本語能力試験　解答用紙（文字・語彙）

| 受験番号 Examinee Registration Number | | 名前 Name | |
|---|---|---|---|

あなたのじゅけんひょうとおなじかどうか、たしかめてください。
Check up on your Test Voucher.

〈 ちゅうい Notes 〉

1. くろいえんぴつ（HB、No. 2）でかいてください。（ペンやボールペンではかかないでください。）
Use a black medium soft (HB or No.2) pencil. (Do not use any kind of pen.)
2. かきなおすときは、けしゴムできれいにけしてください。
Erase any unintended marks completely.
3. きたなくしたり、おったりしないでください。
Do not soil or bend this sheet.
4. マークれい Marking examples

| よい Correct | わるい Incorrect |
|---|---|
| ● | ⊗ ⊘ ◯ ◎ ⊖ ⦶ ○ |

| 解答番号 | 解答欄 Answer 1 | 2 | 3 | 4 |
|---|---|---|---|---|
| 1 | ① | ② | ③ | ④ |
| 2 | ① | ② | ③ | ④ |
| 3 | ① | ② | ③ | ④ |
| 4 | ① | ② | ③ | ④ |
| 5 | ① | ② | ③ | ④ |
| 6 | ① | ② | ③ | ④ |
| 7 | ① | ② | ③ | ④ |
| 8 | ① | ② | ③ | ④ |
| 9 | ① | ② | ③ | ④ |
| 10 | ① | ② | ③ | ④ |
| 11 | ① | ② | ③ | ④ |
| 12 | ① | ② | ③ | ④ |
| 13 | ① | ② | ③ | ④ |
| 14 | ① | ② | ③ | ④ |
| 15 | ① | ② | ③ | ④ |
| 16 | ① | ② | ③ | ④ |
| 17 | ① | ② | ③ | ④ |
| 18 | ① | ② | ③ | ④ |
| 19 | ① | ② | ③ | ④ |
| 20 | ① | ② | ③ | ④ |
| 21 | ① | ② | ③ | ④ |
| 22 | ① | ② | ③ | ④ |
| 23 | ① | ② | ③ | ④ |
| 24 | ① | ② | ③ | ④ |
| 25 | ① | ② | ③ | ④ |

| 解答番号 | 解答欄 Answer 1 | 2 | 3 | 4 |
|---|---|---|---|---|
| 26 | ① | ② | ③ | ④ |
| 27 | ① | ② | ③ | ④ |
| 28 | ① | ② | ③ | ④ |
| 29 | ① | ② | ③ | ④ |
| 30 | ① | ② | ③ | ④ |
| 31 | ① | ② | ③ | ④ |
| 32 | ① | ② | ③ | ④ |
| 33 | ① | ② | ③ | ④ |
| 34 | ① | ② | ③ | ④ |
| 35 | ① | ② | ③ | ④ |
| 36 | ① | ② | ③ | ④ |
| 37 | ① | ② | ③ | ④ |
| 38 | ① | ② | ③ | ④ |
| 39 | ① | ② | ③ | ④ |
| 40 | ① | ② | ③ | ④ |
| 41 | ① | ② | ③ | ④ |
| 42 | ① | ② | ③ | ④ |
| 43 | ① | ② | ③ | ④ |
| 44 | ① | ② | ③ | ④ |
| 45 | ① | ② | ③ | ④ |
| 46 | ① | ② | ③ | ④ |
| 47 | ① | ② | ③ | ④ |
| 48 | ① | ② | ③ | ④ |
| 49 | ① | ② | ③ | ④ |
| 50 | ① | ② | ③ | ④ |

| 解答番号 | 解答欄 Answer 1 | 2 | 3 | 4 |
|---|---|---|---|---|
| 51 | ① | ② | ③ | ④ |
| 52 | ① | ② | ③ | ④ |
| 53 | ① | ② | ③ | ④ |
| 54 | ① | ② | ③ | ④ |
| 55 | ① | ② | ③ | ④ |
| 56 | ① | ② | ③ | ④ |
| 57 | ① | ② | ③ | ④ |
| 58 | ① | ② | ③ | ④ |
| 59 | ① | ② | ③ | ④ |
| 60 | ① | ② | ③ | ④ |
| 61 | ① | ② | ③ | ④ |
| 62 | ① | ② | ③ | ④ |
| 63 | ① | ② | ③ | ④ |
| 64 | ① | ② | ③ | ④ |
| 65 | ① | ② | ③ | ④ |

# 1級　2009-2　日本語能力試験　解答用紙（聴解）

| 受験番号 Examinee Registration Number | | 名前 Name | |
|---|---|---|---|

あなたのじゅけんひょうとおなじかどうか、たしかめてください。
Check up on your Test Voucher.

〈　ちゅうい　Notes　〉

1. くろいえんぴつ（HB、No. 2）でかいてください。
（ペンやボールペンではかかないでください。）
Use a black medium soft (HB or No.2) pencil.
(Do not use any kind of pen.)
2. かきなおすときは、けしゴムできれいにけしてください。
Erase any unintended marks completely.
3. きたなくしたり、おったりしないでください。
Do not soil or bend this sheet.
4. マークれい　Marking examples

| よい Correct | わるい Incorrect |
|---|---|
| ● | ⊗ ⊘ ◯ ◎ ⊖ ◐ ○ |

### 問題 I

| 解答番号 | 解答欄 Answer 1 | 2 | 3 | 4 |
|---|---|---|---|---|
| 例 1 | ① | ② | ● | ④ |
| 例 2 | ① | ② | ● | ④ |
| 1 | ① | ② | ③ | ④ |
| 2 | ① | ② | ③ | ④ |
| 3 | ① | ② | ③ | ④ |
| 4 | ① | ② | ③ | ④ |
| 5 | ① | ② | ③ | ④ |
| 6 | ① | ② | ③ | ④ |
| 7 | ① | ② | ③ | ④ |
| 8 | ① | ② | ③ | ④ |
| 9 | ① | ② | ③ | ④ |
| 10 | ① | ② | ③ | ④ |
| 11 | ① | ② | ③ | ④ |
| 12 | ① | ② | ③ | ④ |
| 13 | ① | ② | ③ | ④ |
| 14 | ① | ② | ③ | ④ |
| 15 | ① | ② | ③ | ④ |

### 問題 II

| 解答番号 | | 解答欄 Answer 1 | 2 | 3 | 4 |
|---|---|---|---|---|---|
| 例 | 正しい | ① | ● | ③ | ④ |
| | 正しくない | ● | ② | ● | ● |
| 1 | 正しい | ① | ② | ③ | ④ |
| | 正しくない | ① | ② | ③ | ④ |
| 2 | 正しい | ① | ② | ③ | ④ |
| | 正しくない | ① | ② | ③ | ④ |
| 3 | 正しい | ① | ② | ③ | ④ |
| | 正しくない | ① | ② | ③ | ④ |
| 4 | 正しい | ① | ② | ③ | ④ |
| | 正しくない | ① | ② | ③ | ④ |
| 5 | 正しい | ① | ② | ③ | ④ |
| | 正しくない | ① | ② | ③ | ④ |
| 6 | 正しい | ① | ② | ③ | ④ |
| | 正しくない | ① | ② | ③ | ④ |
| 7 | 正しい | ① | ② | ③ | ④ |
| | 正しくない | ① | ② | ③ | ④ |
| 8 | 正しい | ① | ② | ③ | ④ |
| | 正しくない | ① | ② | ③ | ④ |
| 9 | 正しい | ① | ② | ③ | ④ |
| | 正しくない | ① | ② | ③ | ④ |
| 10 | 正しい | ① | ② | ③ | ④ |
| | 正しくない | ① | ② | ③ | ④ |
| 11 | 正しい | ① | ② | ③ | ④ |
| | 正しくない | ① | ② | ③ | ④ |
| 12 | 正しい | ① | ② | ③ | ④ |
| | 正しくない | ① | ② | ③ | ④ |
| 13 | 正しい | ① | ② | ③ | ④ |
| | 正しくない | ① | ② | ③ | ④ |
| 14 | 正しい | ① | ② | ③ | ④ |
| | 正しくない | ① | ② | ③ | ④ |
| 15 | 正しい | ① | ② | ③ | ④ |
| | 正しくない | ① | ② | ③ | ④ |

# 1 級　2009-2　日本語能力試験　解答用紙（読解・文法）

| 受験番号 Examinee Registration Number | | 名前 Name | |
|---|---|---|---|

あなたのじゅけんひょうとおなじかどうか、たしかめてください。
Check up on your Test Voucher.

〈 ちゅうい Notes 〉

1. くろいえんぴつ（HB、No. 2）でかいてください。（ペンやボールペンではかかないでください。）
Use a black medium soft (HB or No.2) pencil. (Do not use any kind of pen.)
2. かきなおすときは、けしゴムできれいにけしてください。
Erase any unintended marks completely.
3. きたなくしたり、おったりしないでください。
Do not soil or bend this sheet.
4. マークれい Marking examples

| よい Correct | わるい Incorrect |
|---|---|
| ● | ⊗ ◯ ◯ ◎ ⊖ ◐ ○ |

| 解答番号 | 解答欄 Answer 1 | 2 | 3 | 4 |
|---|---|---|---|---|
| 1 | ① | ② | ③ | ④ |
| 2 | ① | ② | ③ | ④ |
| 3 | ① | ② | ③ | ④ |
| 4 | ① | ② | ③ | ④ |
| 5 | ① | ② | ③ | ④ |
| 6 | ① | ② | ③ | ④ |
| 7 | ① | ② | ③ | ④ |
| 8 | ① | ② | ③ | ④ |
| 9 | ① | ② | ③ | ④ |
| 10 | ① | ② | ③ | ④ |
| 11 | ① | ② | ③ | ④ |
| 12 | ① | ② | ③ | ④ |
| 13 | ① | ② | ③ | ④ |
| 14 | ① | ② | ③ | ④ |
| 15 | ① | ② | ③ | ④ |
| 16 | ① | ② | ③ | ④ |
| 17 | ① | ② | ③ | ④ |
| 18 | ① | ② | ③ | ④ |
| 19 | ① | ② | ③ | ④ |
| 20 | ① | ② | ③ | ④ |
| 21 | ① | ② | ③ | ④ |
| 22 | ① | ② | ③ | ④ |
| 23 | ① | ② | ③ | ④ |
| 24 | ① | ② | ③ | ④ |
| 25 | ① | ② | ③ | ④ |

| 解答番号 | 解答欄 Answer 1 | 2 | 3 | 4 |
|---|---|---|---|---|
| 26 | ① | ② | ③ | ④ |
| 27 | ① | ② | ③ | ④ |
| 28 | ① | ② | ③ | ④ |
| 29 | ① | ② | ③ | ④ |
| 30 | ① | ② | ③ | ④ |
| 31 | ① | ② | ③ | ④ |
| 32 | ① | ② | ③ | ④ |
| 33 | ① | ② | ③ | ④ |
| 34 | ① | ② | ③ | ④ |
| 35 | ① | ② | ③ | ④ |
| 36 | ① | ② | ③ | ④ |
| 37 | ① | ② | ③ | ④ |
| 38 | ① | ② | ③ | ④ |
| 39 | ① | ② | ③ | ④ |
| 40 | ① | ② | ③ | ④ |
| 41 | ① | ② | ③ | ④ |
| 42 | ① | ② | ③ | ④ |
| 43 | ① | ② | ③ | ④ |
| 44 | ① | ② | ③ | ④ |
| 45 | ① | ② | ③ | ④ |
| 46 | ① | ② | ③ | ④ |
| 47 | ① | ② | ③ | ④ |
| 48 | ① | ② | ③ | ④ |
| 49 | ① | ② | ③ | ④ |
| 50 | ① | ② | ③ | ④ |

| 解答番号 | 解答欄 Answer 1 | 2 | 3 | 4 |
|---|---|---|---|---|
| 51 | ① | ② | ③ | ④ |
| 52 | ① | ② | ③ | ④ |
| 53 | ① | ② | ③ | ④ |
| 54 | ① | ② | ③ | ④ |
| 55 | ① | ② | ③ | ④ |
| 56 | ① | ② | ③ | ④ |
| 57 | ① | ② | ③ | ④ |
| 58 | ① | ② | ③ | ④ |
| 59 | ① | ② | ③ | ④ |

# 2級　2009-2　日本語能力試験　解答用紙（文字・語彙）

| 受験番号 Examinee Registration Number | |
|---|---|

| 名前 Name | |
|---|---|

あなたのじゅけんひょうとおなじかどうか、たしかめてください。
Check up on your Test Voucher.

〈 ちゅうい　Notes 〉

1. くろいえんぴつ（HB、No. 2）でかいてください。
（ペンやボールペンではかかないでください。）
Use a black medium soft (HB or No.2) pencil.
(Do not use any kind of pen.)
2. かきなおすときは、けしゴムできれいにけしてください。
Erase any unintended marks completely.
3. きたなくしたり、おったりしないでください。
Do not soil or bend this sheet.
4. マークれい　Marking examples

| よい Correct | わるい Incorrect |
|---|---|
| ● | ⊗ ⊘ ◯ ◎ ⊜ ◐ ○ |

| 解答番号 | 解答欄 (らん) Answer 1 | 2 | 3 | 4 |
|---|---|---|---|---|
| 1 | ① | ② | ③ | ④ |
| 2 | ① | ② | ③ | ④ |
| 3 | ① | ② | ③ | ④ |
| 4 | ① | ② | ③ | ④ |
| 5 | ① | ② | ③ | ④ |
| 6 | ① | ② | ③ | ④ |
| 7 | ① | ② | ③ | ④ |
| 8 | ① | ② | ③ | ④ |
| 9 | ① | ② | ③ | ④ |
| 10 | ① | ② | ③ | ④ |
| 11 | ① | ② | ③ | ④ |
| 12 | ① | ② | ③ | ④ |
| 13 | ① | ② | ③ | ④ |
| 14 | ① | ② | ③ | ④ |
| 15 | ① | ② | ③ | ④ |
| 16 | ① | ② | ③ | ④ |
| 17 | ① | ② | ③ | ④ |
| 18 | ① | ② | ③ | ④ |
| 19 | ① | ② | ③ | ④ |
| 20 | ① | ② | ③ | ④ |
| 21 | ① | ② | ③ | ④ |
| 22 | ① | ② | ③ | ④ |
| 23 | ① | ② | ③ | ④ |
| 24 | ① | ② | ③ | ④ |
| 25 | ① | ② | ③ | ④ |

| 解答番号 | 解答欄 (らん) Answer 1 | 2 | 3 | 4 |
|---|---|---|---|---|
| 26 | ① | ② | ③ | ④ |
| 27 | ① | ② | ③ | ④ |
| 28 | ① | ② | ③ | ④ |
| 29 | ① | ② | ③ | ④ |
| 30 | ① | ② | ③ | ④ |
| 31 | ① | ② | ③ | ④ |
| 32 | ① | ② | ③ | ④ |
| 33 | ① | ② | ③ | ④ |
| 34 | ① | ② | ③ | ④ |
| 35 | ① | ② | ③ | ④ |
| 36 | ① | ② | ③ | ④ |
| 37 | ① | ② | ③ | ④ |
| 38 | ① | ② | ③ | ④ |
| 39 | ① | ② | ③ | ④ |
| 40 | ① | ② | ③ | ④ |
| 41 | ① | ② | ③ | ④ |
| 42 | ① | ② | ③ | ④ |
| 43 | ① | ② | ③ | ④ |
| 44 | ① | ② | ③ | ④ |
| 45 | ① | ② | ③ | ④ |
| 46 | ① | ② | ③ | ④ |
| 47 | ① | ② | ③ | ④ |
| 48 | ① | ② | ③ | ④ |
| 49 | ① | ② | ③ | ④ |
| 50 | ① | ② | ③ | ④ |

| 解答番号 | 解答欄 (らん) Answer 1 | 2 | 3 | 4 |
|---|---|---|---|---|
| 51 | ① | ② | ③ | ④ |
| 52 | ① | ② | ③ | ④ |
| 53 | ① | ② | ③ | ④ |
| 54 | ① | ② | ③ | ④ |
| 55 | ① | ② | ③ | ④ |
| 56 | ① | ② | ③ | ④ |
| 57 | ① | ② | ③ | ④ |
| 58 | ① | ② | ③ | ④ |
| 59 | ① | ② | ③ | ④ |
| 60 | ① | ② | ③ | ④ |
| 61 | ① | ② | ③ | ④ |
| 62 | ① | ② | ③ | ④ |
| 63 | ① | ② | ③ | ④ |
| 64 | ① | ② | ③ | ④ |
| 65 | ① | ② | ③ | ④ |

# 2級　2009-2　日本語能力試験　解答用紙（聴解）

| 受験番号 Examinee Registration Number | | 名前 Name | |
|---|---|---|---|

あなたのじゅけんひょうとおなじかどうか、たしかめてください。
Check up on your Test Voucher.

〈 ちゅうい　Notes 〉

1. くろいえんぴつ（HB、No. 2）でかいてください。（ペンやボールペンではかかないでください。）
Use a black medium soft (HB or No.2) pencil. (Do not use any kind of pen.)
2. かきなおすときは、けしゴムできれいにけしてください。
Erase any unintended marks completely.
3. きたなくしたり、おったりしないでください。
Do not soil or bend this sheet.
4. マークれい　Marking examples

| よい Correct | わるい Incorrect |
|---|---|
| ● | ⊗ ◎ ○ ◎ ⊖ ① ○ |

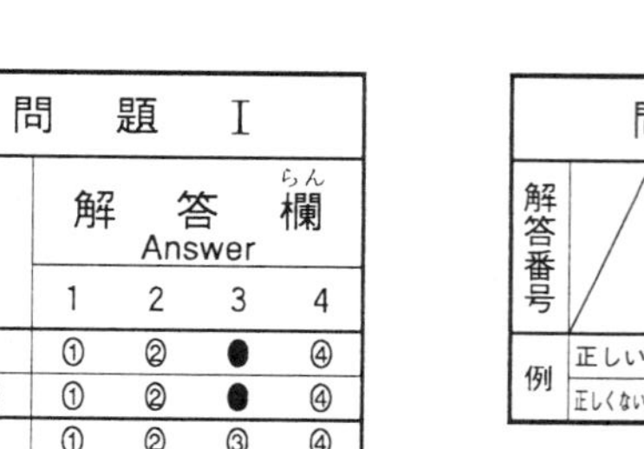

問題 I

| 解答番号 | 解答欄（らん） Answer 1 | 2 | 3 | 4 |
|---|---|---|---|---|
| 例 1 | ① | ② | ● | ④ |
| 例 2 | ① | ② | ● | ④ |
| 1 | ① | ② | ③ | ④ |
| 2 | ① | ② | ③ | ④ |
| 3 | ① | ② | ③ | ④ |
| 4 | ① | ② | ③ | ④ |
| 5 | ① | ② | ③ | ④ |
| 6 | ① | ② | ③ | ④ |
| 7 | ① | ② | ③ | ④ |
| 8 | ① | ② | ③ | ④ |
| 9 | ① | ② | ③ | ④ |
| 10 | ① | ② | ③ | ④ |
| 11 | ① | ② | ③ | ④ |
| 12 | ① | ② | ③ | ④ |
| 13 | ① | ② | ③ | ④ |
| 14 | ① | ② | ③ | ④ |

問題 II

| 解答番号 | | 解答欄（らん） Answer 1 | 2 | 3 | 4 |
|---|---|---|---|---|---|
| 例 | 正しい | ① | ● | ③ | ④ |
| | 正しくない | ● | ② | ● | ● |
| 1 | 正しい | ① | ② | ③ | ④ |
| | 正しくない | ① | ② | ③ | ④ |
| 2 | 正しい | ① | ② | ③ | ④ |
| | 正しくない | ① | ② | ③ | ④ |
| 3 | 正しい | ① | ② | ③ | ④ |
| | 正しくない | ① | ② | ③ | ④ |
| 4 | 正しい | ① | ② | ③ | ④ |
| | 正しくない | ① | ② | ③ | ④ |
| 5 | 正しい | ① | ② | ③ | ④ |
| | 正しくない | ① | ② | ③ | ④ |
| 6 | 正しい | ① | ② | ③ | ④ |
| | 正しくない | ① | ② | ③ | ④ |
| 7 | 正しい | ① | ② | ③ | ④ |
| | 正しくない | ① | ② | ③ | ④ |
| 8 | 正しい | ① | ② | ③ | ④ |
| | 正しくない | ① | ② | ③ | ④ |
| 9 | 正しい | ① | ② | ③ | ④ |
| | 正しくない | ① | ② | ③ | ④ |
| 10 | 正しい | ① | ② | ③ | ④ |
| | 正しくない | ① | ② | ③ | ④ |
| 11 | 正しい | ① | ② | ③ | ④ |
| | 正しくない | ① | ② | ③ | ④ |
| 12 | 正しい | ① | ② | ③ | ④ |
| | 正しくない | ① | ② | ③ | ④ |
| 13 | 正しい | ① | ② | ③ | ④ |
| | 正しくない | ① | ② | ③ | ④ |
| 14 | 正しい | ① | ② | ③ | ④ |
| | 正しくない | ① | ② | ③ | ④ |

# 2級　2009-2　日本語能力試験　解答用紙（読解・文法）

| 受験番号 Examinee Registration Number | | 名前 Name | |
|---|---|---|---|

あなたのじゅけんひょうとおなじかどうか、たしかめてください。
Check up on your Test Voucher.

〈 ちゅうい　Notes 〉

1．くろいえんぴつ（HB、No. 2）でかいてください。（ペンやボールペンではかかないでください。）
Use a black medium soft (HB or No.2) pencil.
(Do not use any kind of pen.)

2．かきなおすときは、けしゴムできれいにけしてください。
Erase any unintended marks completely.

3．きたなくしたり、おったりしないでください。
Do not soil or bend this sheet.

4．マークれい　Marking examples

| よい Correct | わるい Incorrect |
|---|---|
| ● | ⊗ ⊘ ◯ ◎ ⊜ ◑ ○ |

| 解答番号 | 解答欄（らん） Answer 1 | 2 | 3 | 4 |
|---|---|---|---|---|
| 1 | ① | ② | ③ | ④ |
| 2 | ① | ② | ③ | ④ |
| 3 | ① | ② | ③ | ④ |
| 4 | ① | ② | ③ | ④ |
| 5 | ① | ② | ③ | ④ |
| 6 | ① | ② | ③ | ④ |
| 7 | ① | ② | ③ | ④ |
| 8 | ① | ② | ③ | ④ |
| 9 | ① | ② | ③ | ④ |
| 10 | ① | ② | ③ | ④ |
| 11 | ① | ② | ③ | ④ |
| 12 | ① | ② | ③ | ④ |
| 13 | ① | ② | ③ | ④ |
| 14 | ① | ② | ③ | ④ |
| 15 | ① | ② | ③ | ④ |
| 16 | ① | ② | ③ | ④ |
| 17 | ① | ② | ③ | ④ |
| 18 | ① | ② | ③ | ④ |
| 19 | ① | ② | ③ | ④ |
| 20 | ① | ② | ③ | ④ |
| 21 | ① | ② | ③ | ④ |
| 22 | ① | ② | ③ | ④ |
| 23 | ① | ② | ③ | ④ |
| 24 | ① | ② | ③ | ④ |
| 25 | ① | ② | ③ | ④ |

| 解答番号 | 解答欄（らん） Answer 1 | 2 | 3 | 4 |
|---|---|---|---|---|
| 26 | ① | ② | ③ | ④ |
| 27 | ① | ② | ③ | ④ |
| 28 | ① | ② | ③ | ④ |
| 29 | ① | ② | ③ | ④ |
| 30 | ① | ② | ③ | ④ |
| 31 | ① | ② | ③ | ④ |
| 32 | ① | ② | ③ | ④ |
| 33 | ① | ② | ③ | ④ |
| 34 | ① | ② | ③ | ④ |
| 35 | ① | ② | ③ | ④ |
| 36 | ① | ② | ③ | ④ |
| 37 | ① | ② | ③ | ④ |
| 38 | ① | ② | ③ | ④ |
| 39 | ① | ② | ③ | ④ |
| 40 | ① | ② | ③ | ④ |
| 41 | ① | ② | ③ | ④ |
| 42 | ① | ② | ③ | ④ |
| 43 | ① | ② | ③ | ④ |
| 44 | ① | ② | ③ | ④ |
| 45 | ① | ② | ③ | ④ |
| 46 | ① | ② | ③ | ④ |
| 47 | ① | ② | ③ | ④ |
| 48 | ① | ② | ③ | ④ |
| 49 | ① | ② | ③ | ④ |
| 50 | ① | ② | ③ | ④ |

| 解答番号 | 解答欄（らん） Answer 1 | 2 | 3 | 4 |
|---|---|---|---|---|
| 51 | ① | ② | ③ | ④ |
| 52 | ① | ② | ③ | ④ |
| 53 | ① | ② | ③ | ④ |
| 54 | ① | ② | ③ | ④ |
| 55 | ① | ② | ③ | ④ |
| 56 | ① | ② | ③ | ④ |
| 57 | ① | ② | ③ | ④ |
| 58 | ① | ② | ③ | ④ |
| 59 | ① | ② | ③ | ④ |

# １級　正解と配点

## ＜文字・語彙＞

問題Ⅰ

| 問１ | | 問２ | | | 問３ | | | | 問４ | | | 問５ | | |
|---|---|---|---|---|---|---|---|---|---|---|---|---|---|---|
| 1 | 2 | 3 | 4 | 5 | 6 | 7 | 8 | 9 | 10 | 11 | 12 | 13 | 14 | 15 |
| 3 | 4 | 1 | 1 | 3 | 2 | 4 | 2 | 3 | 2 | 3 | 2 | 4 | 1 | 1 |

1 ×15＝15

問題Ⅱ

| 16 | 17 | 18 | 19 | 20 |
|---|---|---|---|---|
| 2 | 1 | 1 | 3 | 4 |

1 × 5 ＝ 5

問題Ⅲ

| 問１ | | | 問２ | | | 問３ | | 問４ | | | 問５ | | 問６ | |
|---|---|---|---|---|---|---|---|---|---|---|---|---|---|---|
| 21 | 22 | 23 | 24 | 25 | 26 | 27 | 28 | 29 | 30 | 31 | 32 | 33 | 34 | 35 |
| 1 | 3 | 3 | 2 | 4 | 3 | 2 | 1 | 2 | 3 | 4 | 4 | 4 | 2 | 1 |

1 ×15＝15

問題Ⅳ

| 例 | 36 | 37 | 38 | 39 | 40 |
|---|---|---|---|---|---|
| 2 | 4 | 1 | 2 | 3 | 4 |

1 × 5 ＝ 5

問題Ⅴ

| 41 | 42 | 43 | 44 | 45 | 46 | 47 | 48 | 49 | 50 | 51 | 52 | 53 | 54 | 55 |
|---|---|---|---|---|---|---|---|---|---|---|---|---|---|---|
| 3 | 4 | 4 | 3 | 4 | 1 | 1 | 2 | 4 | 3 | 2 | 2 | 1 | 2 | 3 |

2 ×15＝30

問題Ⅵ

| 56 | 57 | 58 | 59 | 60 |
|---|---|---|---|---|
| 2 | 1 | 1 | 4 | 3 |

2 × 5 ＝10

問題Ⅶ

| 61 | 62 | 63 | 64 | 65 |
|---|---|---|---|---|
| 4 | 3 | 3 | 1 | 2 |

2 × 5 ＝10

配　点　100点満点での得点への換算式：＜問題別配点による合計得点＞÷90×100　　合計 65問 90点

## ＜聴　解＞

問題Ⅰ

| 例1 | 例2 | 1 | 2 | 3 | 4 | 5 | 6 | 7 | 8 | 9 | 10 | 11 | 12 | 13 | 14 | 15 |
|---|---|---|---|---|---|---|---|---|---|---|---|---|---|---|---|---|
| 3 | 3 | 1 | 3 | 1 | 2 | 3 | 3 | 2 | 2 | 4 | 4 | 4 | 2 | 3 | 1 | 4 |

1 ×15＝15

問題Ⅱ

| 例 | 1 | 2 | 3 | 4 | 5 | 6 | 7 | 8 | 9 | 10 | 11 | 12 | 13 | 14 | 15 |
|---|---|---|---|---|---|---|---|---|---|---|---|---|---|---|---|
| 2 | 4 | 1 | 4 | 2 | 3 | 1 | 2 | 1 | 4 | 3 | 2 | 3 | 3 | 2 | 4 |

1 ×15＝15

| 配　点 | 100点満点での得点への換算式：＜問題別配点による合計得点＞÷30×100 | 合計 30問 30点 |
|---|---|---|

# ＜読解・文法＞

問題Ⅰ

| 1 | 2 | 3 | 4 | 5 | 6 | 7 | 8 |
|---|---|---|---|---|---|---|---|
| 3 | 1 | 2 | 2 | 4 | 4 | 3 | 1 |

5 × 8 ＝40

問題Ⅱ

| (1) | | | (2) | | | | (3) | | | |
|---|---|---|---|---|---|---|---|---|---|---|
| 9 | 10 | 11 | 12 | 13 | 14 | 15 | 16 | 17 | 18 | 19 |
| 1 | 3 | 4 | 2 | 2 | 1 | 3 | 4 | 1 | 3 | 4 |

5 ×11＝55

問題Ⅲ

| (1) | (2) | (3) | (4) | (5) |
|---|---|---|---|---|
| 20 | 21 | 22 | 23 | 24 |
| 2 | 2 | 4 | 1 | 3 |

5 × 5 ＝25

問題Ⅳ

| 25 | 26 | 27 | 28 | 29 | 30 | 31 | 32 | 33 | 34 | 35 | 36 | 37 | 38 | 39 |
|---|---|---|---|---|---|---|---|---|---|---|---|---|---|---|
| 2 | 2 | 4 | 4 | 2 | 3 | 1 | 1 | 4 | 3 | 3 | 2 | 2 | 1 | 4 |
| 40 | 41 | 42 | 43 | 44 | | | | | | | | | | |
| 3 | 1 | 1 | 4 | 3 | | | | | | | | | | |

2 ×20＝40

問題Ⅴ

| 45 | 46 | 47 | 48 | 49 | 50 | 51 | 52 | 53 | 54 |
|---|---|---|---|---|---|---|---|---|---|
| 2 | 3 | 4 | 4 | 1 | 4 | 2 | 1 | 3 | 1 |

2 ×10＝20

問題Ⅵ

| 55 | 56 | 57 | 58 | 59 |
|---|---|---|---|---|
| 4 | 3 | 1 | 3 | 2 |

2 × 5 ＝10

| 配　点 | 200点満点での得点への換算式：＜問題別配点による合計得点＞÷190×200 | 合計 59問 190点 |
|---|---|---|

（注）換算した得点は小数点以下第一位を四捨五入する。

# ２級　正解と配点

## ＜文字・語彙＞

問題Ⅰ

| 問１ | | 問２ | | | 問３ | | | | 問４ | | 問５ | |
|---|---|---|---|---|---|---|---|---|---|---|---|---|
| **1** | **2** | **3** | **4** | **5** | **6** | **7** | **8** | **9** | **10** | **11** | **12** | **13** |
| 4 | 2 | 1 | 4 | 3 | 2 | 2 | 3 | 1 | 1 | 3 | 4 | 1 |

| 問６ | | | 問７ | | 問８ | |
|---|---|---|---|---|---|---|
| **14** | **15** | **16** | **17** | **18** | **19** | **20** |
| 2 | 1 | 2 | 3 | 4 | 3 | 4 |

1 ×20＝20

問題Ⅱ

| 問１ | | 問２ | | 問3 | 問４ | | 問５ | | 問６ | | |
|---|---|---|---|---|---|---|---|---|---|---|---|
| **21** | **22** | **23** | **24** | **25** | **26** | **27** | **28** | **29** | **30** | **31** | **32** |
| 1 | 4 | 3 | 1 | 2 | 4 | 3 | 1 | 1 | 4 | 1 | 2 |

| 問７ | | 問８ | | 問９ | | 問10 | |
|---|---|---|---|---|---|---|---|
| **33** | **34** | **35** | **36** | **37** | **38** | **39** | **40** |
| 2 | 2 | 3 | 2 | 4 | 4 | 3 | 3 |

1 ×20＝20

問題Ⅲ

| **41** | **42** | **43** | **44** | **45** | **46** | **47** | **48** | **49** | **50** |
|---|---|---|---|---|---|---|---|---|---|
| 4 | 1 | 3 | 2 | 2 | 4 | 4 | 1 | 3 | 3 |

2 ×10＝20

問題Ⅳ

| **51** | **52** | **53** | **54** | **55** |
|---|---|---|---|---|
| 2 | 3 | 2 | 1 | 4 |

2 × 5 ＝10

問題Ⅴ

| **56** | **57** | **58** | **59** | **60** |
|---|---|---|---|---|
| 1 | 4 | 2 | 3 | 4 |

2 × 5 ＝10

問題Ⅵ

| **61** | **62** | **63** | **64** | **65** |
|---|---|---|---|---|
| 1 | 2 | 1 | 4 | 3 |

2 × 5 ＝10

配　点　100点満点での得点への換算式：＜問題別配点による合計得点＞÷90×100　　合計 65問 90点

## ＜聴　解＞

問題Ⅰ

| **例1** | **例2** | **1** | **2** | **3** | **4** | **5** | **6** | **7** | **8** | **9** | **10** | **11** | **12** | **13** |
|---|---|---|---|---|---|---|---|---|---|---|---|---|---|---|
| 3 | 3 | 2 | 2 | 1 | 1 | 1 | 4 | 2 | 3 | 2 | 4 | 3 | 1 | 4 |

| **14** |
|---|
| 3 |

1 ×14＝14

問題Ⅱ

| 例 | 1 | 2 | 3 | 4 | 5 | 6 | 7 | 8 | 9 | 10 | 11 | 12 | 13 | 14 |
|---|---|---|---|---|---|---|---|---|---|---|---|---|---|---|
| 2 | 4 | 1 | 3 | 1 | 2 | 2 | 2 | 3 | 4 | 2 | 3 | 1 | 3 | 4 |

1 ×14＝14

配 点　100点満点での得点への換算式：<問題別配点による合計得点>÷28×100　**合計 28問 28点**

# <読解・文法>

問題Ⅰ

| 1 | 2 | 3 | 4 | 5 | 6 | 7 |
|---|---|---|---|---|---|---|
| 3 | 4 | 1 | 1 | 2 | 4 | 2 |

5 × 7 ＝35

問題Ⅱ

| (1) | | | | (2) | | | | (3) | | | |
|---|---|---|---|---|---|---|---|---|---|---|---|
| 8 | 9 | 10 | 11 | 12 | 13 | 14 | 15 | 16 | 17 | 18 | 19 |
| 3 | 3 | 2 | 4 | 1 | 3 | 4 | 1 | 2 | 4 | 1 | 3 |

5 ×12＝60

問題Ⅲ

| (1) | (2) | (3) | (4) | (5) |
|---|---|---|---|---|
| 20 | 21 | 22 | 23 | 24 |
| 2 | 2 | 1 | 4 | 3 |

5 × 5 ＝25

問題Ⅳ

| 25 | 26 | 27 | 28 | 29 | 30 | 31 | 32 | 33 | 34 | 35 | 36 | 37 | 38 | 39 |
|---|---|---|---|---|---|---|---|---|---|---|---|---|---|---|
| 3 | 1 | 2 | 2 | 4 | 3 | 1 | 3 | 2 | 4 | 1 | 4 | 3 | 3 | 2 |

| 40 | 41 | 42 | 43 | 44 |
|---|---|---|---|---|
| 4 | 2 | 1 | 4 | 1 |

2 ×20＝40

問題Ⅴ

| 45 | 46 | 47 | 48 | 49 | 50 | 51 | 52 | 53 | 54 |
|---|---|---|---|---|---|---|---|---|---|
| 3 | 2 | 2 | 1 | 4 | 2 | 1 | 3 | 4 | 1 |

2 ×10＝20

問題Ⅵ

| 55 | 56 | 57 | 58 | 59 |
|---|---|---|---|---|
| 4 | 3 | 1 | 3 | 2 |

2 × 5 ＝10

配 点　200点満点での得点への換算式：<問題別配点による合計得点>÷190×200　**合計 59問 190点**

**(注) 換算した得点は小数点以下第一位を四捨五入する。**

# 聴解スクリプト　1級

（M：男性、男の子　F：女性、女の子）

## 問題Ⅰ

**例1**　女の人と男の人が話しています。男の人は女の人にどの本を渡しましたか。

F：田中君、その本、取ってくれる？
M：これ？
F：あ、それじゃなくて、その、薄くて開いたままの。
M：ああ、これ。はい。
F：ありがとう。

男の人は女の人にどの本を渡しましたか。

正しい答えは３です。解答用紙の問題Ⅰの例１を見てください。
例１です。正しい答えは３ですから、答えはこのように書きます。

もう１つ練習しましょう。

**例2**　男の人２人が話しています。今、何度ですか。

M１：いやー、暑いですね。今日はこの夏一番の暑さですね。
M２：そうですね。先週は35度まで上がって驚いていたのに、もう少しで40度ですよ。

今、何度ですか。

正しい答えは３です。解答用紙の問題Ⅰの例２を見てください。
例２です。正しい答えは３ですから、答えはこのように書きます。

では、始めます。

**1番**　お母さんと娘が電話で話しています。お母さんはどのシャツを買えばいいですか。

F１：もしもし、エリちゃん、買ってきてって言ってたシャツ、どんなんだっけ。
F２：襟つきのブルーのやつだよ。襟が小さくて、すそがちょっと広がってて、あっ、襟んとこが広く開いてるのじゃないから、間違えないでね。

F 1：ああ、分かったわ。

お母さんはどのシャツを買えばいいですか。

**2番** 女の人と男の人が財布を見ながら話しています。男の人は本物の財布はどんなデザインだと言っていますか。本物の財布です。

F：すみません、この財布、友人に偽物じゃないかって言われて…… ちょっと見てほしいんですけど。

M：拝見します。あ、これは一見してすぐに分かる偽物ですよ。

F：ええ？

M：まずこの財布は、全体的に横長な感じになっていますが、このような形は、このメーカーではありえません。ほぼ正方形に近い比率になっているはずなんです。

F：そうですか。

M：それから、このマークを見てください。この財布のものは、２つの文字の縦線がきちんと平行になるように重なっていますよね。でも本物のマークでは、この角度をわざと微妙にずらして重ねているんですよ。

F：そうですか。

男の人は本物の財布はどんなデザインだと言っていますか。

**3番** 男の人がある国の経済成長率について説明しています。グラフにするとどうなりますか。

M：えー、次にこの国の経済成長率についてお話ししますと、2000年からの３年間は、２パーセント前後の安定した経済成長を見せていましたが、2003年にはマイナス成長に転じました。しかし、2005年以降景気が回復したことを受け、徐々に経済成長率も上向きになっています。

グラフにするとどうなりますか。

**4番** 女の人がビデオを見ながら説明しています。子供たちの人間関係を図で表すとどれがいちばん合っていますか。

F：子供同士の人間関係というのは、単純なように見えて実は、複雑な力関係が存在しています。この、花に水をやっている子、この子が実は、この集団の中では、いわば一番の権力者にあたります。この、バケツに水を入れて運んでいる子は、花に水をやっている子に命令されて、水をくんできているんです。こちらの、座って花を見ている子も、一見関わりがないように見えて、実は花の水やりのじゃまにならないよう、自分からよけて場所を譲っているんです。この子たちの間には、明確な上下関係があると言えます。一方、この、水道で遊んでいる子は、ほかの子たちと同じ空間を共にしながらも、これらの人間関係とは無縁の位置を保っています。時々、このように、常に1人で独自の世界を貫く子が観察されるのも興味深い現象です。

子供たちの人間関係を図で表すとどれがいちばん合っていますか。

**5番**　男の人が花の説明をしています。新しい品種はどれですか。

M：皆さん、これが新しく改良された品種です。この、レースのような、周囲が縮れた花びらが、1枚の大きな花びらになっていて、豪華な感じが出せるようになりました。また、葉が交互についていることも特徴です。

新しい品種はどれですか。

**6番**　女の人と男の人が話しています。男の人はこの会社にいちばん合っているのはどのマークだと言っていますか。

F：うちの会社のマークの案を作ったんだけど、どれがいいと思う？　「人を幸せにする住まい」っていう哲学を表現したつもりなんだけど。
M：そうだなあ、この四角いのって家そのものって感じで個人的にはいちばん好きなんだけど、幸福な感じは伝わらないかなあ。そのひびが入ったのは、崩壊しそうな家族のイメージだな。
F：え、それは、れんがのつもりだったんだけど。
M：ごめん。うちの会社のマークにふさわしいのはこれかな。華やかさはないけど、家作りにかける信念を濃い色で強調して、それを幸せの虹が囲んでいる雰囲気でとてもいいじゃない。
F：もう1つのはどう？　明るくていいと思うんだけどな。
M：確かにいいけど、見方によってはとげのようだな。他をよせつけない家って感じ、しない？
F：そう？

男の人はこの会社にいちばん合っているのはどのマークだと言っていますか。

**7番**　妹と兄がゲームの内容について話しています。これからどの順番で進めばいいですか。

F：お兄ちゃん、ドラゴン・ファンタジーってやったことあるよね？　ちょっと教えてよ。
M：何だよ。
F：炎の指輪と雷のブローチは手に入れたんだけど、氷の首飾りがどこにあるか分からなくて……。
M：氷の首飾りだったら、アナラハンの北の山脈だよ。山頂の神殿に行って、雪の神にもらうんだ。
F：山頂まではどうやって登ったらいいの？
M：西の沼の底に飛行船が隠してあるだろう。それに乗って行くんだよ。飛行船の鍵は入手してあるのか？
F：ううん、まだ。
M：じゃあ、まずはそこからだな。アナラハンの街の宿屋に負傷した兵士が泊まっているから、万能薬を使って治してあげるんだ。そうしたらお礼に飛行船の鍵をくれるよ。
F：分かった。やってみるね。

これからどの順番で進めばいいですか。

**8番**　男の人が説明しています。この説明をグラフにするとどうなりますか。

M：2004年というのは、この国にとって画期的な年でした。この年、海外からの資金援助により、この国の下水道の整備が一挙に進みました。
下水の普及率はこの年98パーセントに達し、前年度から約70ポイントもの大幅な伸びを示しました。その結果、この国の大きな問題であった伝染病の発生件数が、この年を境に減少してきています。

この説明をグラフにするとどうなりますか。

**9番**　男の人が人形について説明しています。説明に従って古い順に並べるとどうなりますか。

M：これが、この国の遺跡で発掘された「ガラダマ」と呼ばれる人形で、宗教儀式に用いられたと考えられています。一般的なものは、腕が細長く、足が太くて短い形のもので、今からおよそ3000年ほど前に最も多く生産されました。

まれに、手も足も細長いガラダマが発掘されることがありますが、これは一般的なガラダマの形式が確立する前段階の、いわば試行錯誤の時代のものであると考えられています。ガラダマは、時代を経るにしたがって、次第に派手な装飾が施されるようになるのですが、こうしたガラダマはある時代を境に、急に作られなくなります。代わって現れるのが、人間の肉体の形により近づけた素朴なガラダマで、この時期の、外国文化との接触が影響していると考えられています。

説明に従って古い順に並べるとどうなりますか。

**10番**　バス会社の人が乗客に話しています。バスが目的地に着くのは今から何時間後になる見込みだと言っていますか。

M：乗客の皆様にお知らせいたします。つつじ高原行きのこのバスは、トンネル事故の影響で出発を見合わせることになりました。警察の連絡では、現在、事故の処理を行っていますが、トンネル開通までには、今から３時間かかるとのことです。トンネルが開通次第、すぐに出発予定ですが、渋滞が予想されるため、つつじ高原までは、通常１時間のところ、２時間はかかるものと見込まれます。ご迷惑をおかけしますが、このままバスの中か待合室でお待ちください。

バスが目的地に着くのは今から何時間後になる見込みだと言っていますか。

**11番**　病院で男の人と医者が話しています。この男の人はどんな症状ですか。

M：このところ仕事が忙しくて、精神的にとてもつらくて……　何だか、やる気が出ないというか……。
F：仕事以外ではどうですか。
M：何もやりたくないという感じです。
F：いらいらして感情のコントロールがきかなくなったり、急に泣き出したくなったりということはありませんか。
M：うーん、むしろその逆で、あまり何も感じないというか……。
F：夜は眠れていますか。
M：疲れているので、すぐに寝てしまいます。
F：食欲は？
M：空腹感は全く無いのですが、無理してでも何か食べるようにしています。
F：そうですか。

この男の人はどんな症状ですか。

**12番**　男の人と女の人が登山のコースについて話しています。２人はどのコースにしましたか。

M：ここからムサシ小屋までの経路だけど、山頂経由とミドリ池経由のコースがあるよね。
F：そんなの、山頂経由に決まってるでしょう。
M：でもおれ、ミドリ池も行ってみたいんだけど。ミドリ池に行ってから、山頂を目指すのはどう？
F：ミドリ池？　ミドリ池から山頂までのコースは、すごく急だからちょっと自信ない。初めに山頂に行ってから、池のほうに下るんだったらまだいいけど。
M：それだと、遠回りになっちゃうだろう。
F：だったら、今回はミドリ池はあきらめましょうよ。
M：そうか、ま、しかたないか。

２人はどのコースにしましたか。

**13番**　男の人と女の人が話しています。男の人はアンケートの結果はどうだったと言っていますか。

M：就職先を選ぶとき何を重要視するか、20代の若者にアンケートしたんだって。いちばん多かったのは何だと思う？
F：やっぱり、その仕事が自分に合っているかどうかじゃない？
M：僕も初めはそう思ったけど、それは４位なんだ。今の若い人はやっぱり先立つものが重要らしいよ。
F：つまりお金ね。じゃあ、次は？　安定性とか？
M：と思いきや、それは重要だと見なされてないんだ。それよりも職場の雰囲気を挙げる人が多いんだ。
F：あー、人間関係とかね。
M：専門性が高いっていうのも、次に挙がってたよ。

男の人はアンケートの結果はどうだったと言っていますか。

**14番**　アナウンサーが試合を中継しています。試合中の２人は今どうなっていますか。

Ｍ１：本日の第３試合、佐山対前田、試合開始から８分が経過しています。おっと、前田、攻撃に出ました。決まったー！　前田の得意技、ヒグマ固め、見事に決まりました。前田、正面から佐山の頭を右脇に抱えています。同時に佐山の左腕をつかんで、背中側にひねり上げています！
Ｍ２：ひじと首がこれだけ決まっていては、もう逃げられませんねえ。

試合中の２人は今どうなっていますか。

**15番**　男の人が話をしています。この男の人の、ロボットに対する考え方はどのように変化してきましたか。

Ｍ：わたしは子供の時から、アトムやドラえもんのような漫画を見て育ちました。そしてこの漫画の中のロボットを見て、ロボットは困ったときの相談相手になってくれたり、時にはけんかもしたりする、自分の意思を持った人間のような存在だと思っていました。中学生になって将棋のゲームでどうしてもコンピューターに勝てなかった経験から、コンピューターは膨大な量の情報を処理できるという点で、人間を上回る能力があることに気づきました。そうしたコンピューターを利用したロボットは人間以上の力を発揮すると思いました。しかしその後、実際にロボットの開発に携わるようになって、ロボットの限界にも気づきました。現段階のロボットは、自らの意思で行動することはできません。ロボットは、人間と対等の仲間ではなく、人間が使う道具の１つに過ぎないと、わたしは思います。

この男の人の、ロボットに対する考え方はどのように変化してきましたか。

## 問題Ⅱ

**例**　女の人と男の人が話しています。女の人は初めに何をすると言っていますか。

Ｆ：あの、これから銀行に行ってもいいですか。
Ｍ：ああ、どうぞ。じゃ、悪いけど、この手紙も出してきてくれますか。
Ｆ：はい。じゃあ、先に郵便局に寄ってから銀行に行きます。

女の人は初めに何をすると言っていますか。

1．手紙を書きます。
　正しくないですから、下の1をぬります。
2．郵便局へ行きます。
　正しいですから、上の2をぬります。
3．銀行へ行きます。
　正しくないですから、下の3をぬります。
4．電話をします。
　正しくないですから、下の4をぬります。

正しい答えは1つです。

では、始めます。

**1番**　交通事故についてのニュースです。どんな事故でしたか。

F：今日の午前11時頃、南区のスーパーの駐車場で車が店の壁に衝突するという事故がありました。事故当時、駐車場や店内には客が大勢いましたが、幸い負傷者はいませんでした。車を運転していたのは近くに住む30歳の男性で、駐車場に車を止めようとした際、ブレーキとアクセルを踏み間違えてしまったと話しています。

どんな事故でしたか。
1．ブレーキの故障で事故が起こり、けが人が出た。
2．ブレーキの故障で事故が起こったが、けが人はなかった。
3．車の操作ミスで事故が起こり、けが人が出た。
4．車の操作ミスで事故が起こったが、けが人はなかった。

**2番**　女の先生と男の先生がレポートについて話しています。女の先生は、締め切りを過ぎて出されたレポートをどうしていますか。

F：先生は、締め切りの後に出てきたレポートはどうしてます？
M：僕は、一切認めないことにしていますよ。
F：そうですか。わたしはそんな風にはできなくて、読んで採点してしまいます。遅れた時間に応じて減点しますけど。
M：甘いですよ。
F：でも、理由を聞いちゃうとなかなか……。
M：理由なんて聞き始めたらきりがないでしょう。

F：ええ、だから、理由では差をつけないようにしているんです。

女の先生は、締め切りを過ぎて出されたレポートをどうしていますか。
1．遅れた時間に応じて点を引いています。
2．遅れた理由に応じて点を引いています。
3．遅れた時間と理由に応じて点を引いています。
4．どんな理由でも読みません。

**3番** 男の人が話しています。最近、山でどんなことが問題になっていると言っていますか。

M：えー、最近、登山を楽しむ中高年の方が増えていますが、気を付けていただきたいことがあります。実は、ここ最近、高い山を登っているときに、急に倒れて病院に運び込まれたり、最悪の場合には、死亡するケースが相次いでいます。山は、高度が上がりますと、酸素が薄くなってきますから、慣れていない方が登山をすると、酸素欠乏症になりやすいのです。絶対に無理をしないで、ゆっくり登ってください。

最近、山でどんなことが問題になっていると言っていますか。
1．山でけがをして病院に運ばれる人がいる。
2．病気なのに、無理して山に登る人がいる。
3．山で道に迷う人が相次いでいる。
4．山で急に体の具合が悪くなる人がいる。

**4番** 女の人と男の人が話しています。男の人が演劇をやめた理由は何だと言っていますか。

F：内山さんって、大学時代、劇団ですごく活躍してらっしゃったそうですね。
M：いやー、昔の話ですよ。ちっちゃい素人劇団に夢中になっちゃって。今は専ら鑑賞する側です。
F：でも、どうしてやめちゃったんですか。やっぱり舞台より客席のほうが気楽ですか。
M：いえ、親の反対さえなければもっと続けていたでしょうね。僕みたいに演技力のない者でも、舞台の上で演じることにはやっぱり特別な魅力がありますからね。あの頃は、いつも貧乏だったけど充実してたなあ。

男の人が演劇をやめた理由は何だと言っていますか。

1．舞台より客席のほうが気楽だからです。
2．親に反対されたからです。
3．演技力がないことを悟ったからです。
4．いつも貧乏でつらかったからです。

**5番**　女の人と男の人が祭りを見ながら話しています。この祭りの意味は何ですか。

F：わあ、明るい。なんてきれいなの。
M：ええ、これから「火の祭り」が始まりますからね。あの火の玉、これから村の男たちが投げ合うんですよ。
F：えっ、危ない。成人になる儀式ですか？　それとも、悪者退治？
M：いいえ、昔、この村では火山が噴火して、それこそ火の玉が降ったんです。それで、その被害を忘れないようにって始まったものなんです。
F：へえ、火のありがたさを忘れないようにっていうお祭りは見たことあるけど、火って、いろんな意味があるんですね。

この祭りの意味は何ですか。
1．大人になるための儀式です。
2．悪い鬼を追い払うことです。
3．災害を忘れないことです。
4．火に感謝することです。

**6番**　地下鉄の駅で駅員が話しています。今、どのような状況ですか。

M：えー、お客様にお知らせいたします。ただいま、地下鉄東南線は、信号機トラブルの影響で、始発から運転を見合わせております。運転開始の見通しは立っておりません。お客様には、バスをご利用くださいますようお願いいたします。

今、どのような状況ですか。
1．地下鉄が止まっています。
2．地下鉄が遅れています。
3．地下鉄もバスも止まっています。
4．地下鉄もバスも遅れています。

**7番**　女の人と男の人が話しています。女の人が資料を捨てられない理由は何ですか。

F：資料を整理したいんだけど、しまうスペースが無くて。
M：場所の問題じゃないよ。今使わないものはまず捨てたら？
F：でも、どの資料も集めるのに苦労したから捨てられない。後で後悔するかもしれないし。
M：でも、1年使わないものは要らないものなんだよ。
F：そんなこと言ったって……。

女の人が資料を捨てられない理由は何ですか。
1．今、使っているからです。
2．捨てるのがもったいないからです。
3．1年間保存しなければならないからです。
4．どこに捨てていいか分からないからです。

**8番**　女の人と男の人が、展覧会について話しています。2人の意見の共通点は何ですか。

F：素晴らしい作品がたくさんあったわね。
M：うーん、よく分からないんだよ、現代美術って。
F：まあ、変わった作品が多いからね。でも、何ていうか、社会に対するメッセージみたいなものを感じない？
M：ああ、そういえば武器で作った母と子の像なんか、平和への願いが伝わってきた気がするなあ。
F：うん、そうでしょ。ほかには、巨大な虫とか……。
M：あの虫？　あれぐらい、自分で作れると思ったね。
F：え、自分で？　あなたらしい感想ね。

2人の意見の共通点は何ですか。
1．ある作品から、社会的なメッセージを感じたこと
2．どの作品を見ても、理解できなかったこと
3．素晴らしい作品が多いと思ったこと
4．自分にも作れそうな作品が多いと思ったこと

**9番** 女の人と男の人が、水泳大会について話しています。男の人はどのように言っていますか。

F：先輩、今度の大会、去年優勝した田中選手が出ないんですってね。
M：うん、練習のしすぎで大会直前に故障なんて、本人悔しいだろうね。
F：でも、先輩にとっては、優勝のまたとないチャンスですね。
M：うーん、確かにおれはいつも田中に勝てなくて2位ばかりだから……。でも、田中抜きじゃ、試合に勝っても勝負に勝ったって気がしないよ。やつに負けまいと頑張ってきたからこそ、自己記録も伸ばしてこれたわけだし。
F：なるほど。何でもいいから、優勝すればいいってもんじゃないんですね。

男の人はどのように言っていますか。
1．自分は田中選手よりもっと練習しなければならない。
2．田中選手がいなければ、もっと自己記録が伸びる。
3．田中選手が出ないと、自分が優勝できるので嬉しい。
4．田中選手に勝たないと、優勝してもあまり意味がない。

**10番** 女の人と男の人が話しています。男の人はどう考えていますか。

F：最近、仕事のほうはどうなの？　何だか、ひどく疲れているみたいだけど。
M：うん、最近忙しくて、食事はおろか睡眠も十分に取ってないんだ。
F：そんな事じゃだめじゃない。体あっての仕事よ。休暇をとるとか、少しは改善策を考えないと。あなたはいつも無理して自分だけで仕事を片付けようとするんだから。
M：そう言われてもね。今度の仕事は、会社の将来を決定すると思うと、やっぱりね。
F：でも、過労で倒れたりしたら、かえって周りに迷惑をかけることになるわよ。
M：分かってるけど、現実はねえ……。

男の人はどう考えていますか。
1．体の調子を取り戻すために、仕事を休むつもりだ。
2．自分だけで仕事をしないで、ほかの人にも頼むつもりだ。
3．重要な仕事をしているので、無理をしても頑張るつもりだ。
4．過労で倒れる前に、仕事をやめるつもりだ。

**11番**　男の人と女の人が読書について話しています。女の人は、どのようなアドバイスをしましたか。

M：君ってどうしてそんなに本を読むの？
F：征服感があるのよね。今まで読んだ本が山のように積まれていて、自分がその上に立っているところを想像してみて！　気持ちいいでしょ。
M：ふーん、僕なんか、読書はすぐつらくなっちゃうんだけど、いい方法なんか無いかなあ。
F：じゃあ、家のどこにでも本を置いて、すぐに手に取れるようにしたら？　全部読もうなんて立派な心構えはいらないから、とにかく読むこと。
M：ベストセラーを選んだほうがいいのかな。
F：好きな本って人によって違うから、それは気にしなくていいよ。

女の人は、どのようなアドバイスをしましたか。
1．読んだ本を高く積み上げて達成感を味わうとよい。
2．家中に本を置いてすぐに読めるようにするとよい。
3．好きな本を終わりまで全部読んでみるとよい。
4．ベストセラーの本をたくさん買うとよい。

**12番**　大学で教授と学生が論文について話しています。学生は、論文をこれからどのように直しますか。

F：それで、今回の調査だけど、調査の対象者が２人だけというのはちょっと少ないかもね。
M：ええ、ですが、今回は量的な調査ではなく、２人のデータを詳細に観察した、質的な調査を目的としているわけで……。
F：まあ、それはそれで意味はあるし、結論は変わらないにしても、今回の調査にはそうした制限があることをきちんと認識した上でやってますってことが分かる書き方にしないと。
M：そうですか……。それは分かっているつもりなんですが……。
F：今の書き方だと、これだけの人数で、どうしてこんなに一般化できるんだろう、みたいな印象を持たれちゃうでしょうね。
M：分かりました。もう一度書き直してみます。

学生は、論文をこれからどのように直しますか。
1．調査の対象者を増やす。
2．結論を変える。

3．表現の仕方を変える。
4．もっと自信を持って書く。

**13番**　留守番電話の録音を聞いています。店の人は、品物をどのように提供できると言っていますか。

F：もしもし、こちら「ショップさくら」の佐藤です。先日、お問い合わせいただいたコーヒーカップですが、ただいま在庫が切れておりまして、メーカーからのお取り寄せになります。そのため、2週間ほどお時間を頂戴することになります。また、お値段は現在少し値上がりしておりますが、初めにお問い合わせいただいた時のお値段でご提供させていただきます。それでは失礼いたします。

店の人は、品物をどのように提供できると言っていますか。
1．値段が少し高くなりますが、すぐに買えます。
2．値段が少し高くなりますが、2週間後に買えます。
3．値上がり前の値段で2週間後に買えます。
4．品切れでもう買えません。

**14番**　料理の先生がインタビューに答えています。先生は、子供にとって何がいちばん大切だと言っていますか。

F：先生、食べることの大切さを子供たちに伝えるためには、どうしていけばいいんでしょうか。
M：そうですね。最近感じるのは、家族で「おいしいね」と言いながら食卓を囲むという普通の光景が見えにくくなっているということなんです。どんなに学校教育の場で食事の大切さを教え込んだとしても、家族で食べる食事の楽しさを肌で感じていないと、子供たちには伝わらないんですよ。
F：そうすると、家庭の役割って大きいですね。うちなんて、このところ忙しいので外で買ってきたものを食べさせているだけで、ちゃんと料理をしていません。
M：いえいえ。家族の役割というと、すぐに「おふくろの味」だの、栄養のバランスだのと考える方もおられるようですが、それよりも大切なのは、食事の幸せな体験ということなんです。

先生は、子供にとって何がいちばん大切だと言っていますか。

1．「食生活」についての学校での教育です。
2．家族で一緒に食事を楽しむことです。
3．栄養のバランスがいい献立を作ることです。
4．親の手作りの料理を食べさせることです。

**15番**　ラジオでドラマを聞いています。番組の中では、誰がどうすることにしましたか。

M1：隊長！　第2次防衛線が突破されました。巨大怪獣はまっすぐ中央管理システムに向かっています。このままでは、あと30分も持ちません！
M2：いま出せるモビルファイターは？
M1：ゼロ号機だけです。
M2：やむをえん。4号機を出すぞ。
M1：4号機はまだテストが完了していません。それに、操縦できるパイロットが現在誰も……。
M2：ゼロ号機ではヤツの侵入は防ぎきれん。ここは……　わたしが行く。
M1：隊長自ら？　でもそのけがでは4号機の加速に耐えられません。
F1：わたしが行きます！
M2：アスカ……。
F1：わたしなら4号機を操れます。お願いです。行かせてください。
M2：だがおまえはまだ訓練中の身だ。今は子供の出る幕じゃないぞ。
F1：そんなこと言ってる場合じゃない！
M2：おい、アスカ。待て！
F2：4号機、発射準備、完了しました。
M2：アスカ……　頼んだぞ。

番組の中では、誰がどうすることにしましたか。
1．隊長がゼロ号機で行きます。
2．隊長が4号機で行きます。
3．女の人がゼロ号機で行きます。
4．女の人が4号機で行きます。

## 聴解スクリプト　2級

（M：男性、男の子　F：女性、女の子）

### 問題Ⅰ

**例1**　女の人と男の人が話しています。男の人は女の人にどの本を渡しましたか。

F：田中君、その本、取ってくれる？
M：これ？
F：あ、それじゃなくて、その、薄くて開いたままの。
M：ああ、これ。はい。
F：ありがとう。

男の人は女の人にどの本を渡しましたか。

正しい答えは3です。解答用紙の問題Ⅰの例1を見てください。
例1です。正しい答えは3ですから、答えはこのように書きます。

もう1つ練習しましょう。

**例2**　男の人2人が話しています。今、何度ですか。

M1：いやー、暑いですね。今日はこの夏一番の暑さですね。
M2：そうですね。先週は35度まで上がって驚いていたのに、もう少しで40度ですよ。

今、何度ですか。

正しい答えは3です。解答用紙の問題Ⅰの例2を見てください。
例2です。正しい答えは3ですから、答えはこのように書きます。

では、始めます。

**1番**　遊園地で放送が流れています。迷子の男の子はどんな格好ですか。

F：迷子のお知らせをいたします。ただいま、4歳の男の子をお母様がお探しです。身長は95センチぐらいで、横縞の半そでシャツに、黒い半ズボンを履いた男の子を見かけられましたら、お近くの係員までお知らせください。

迷子の男の子はどんな格好ですか。

**2番**　男の人と女の人が話しています。どんな写真にしますか。

M：秋の観光シーズンのポスター用の写真なんだけど、どういうのがいいかな。
F：やっぱり、もみじと温泉は、はずせないよね。
M：そうだね。お湯にもみじの葉が浮かんでいるのがいいんじゃないかな。秋って感じが出るし。
F：それはいいね。
M：それから、温泉には誰かが入っていたほうがいいよね。体も心も温まる感じがするよ。
F：んー。秋はもみじを強調したほうがいいんじゃない？　人はいないほうがすっきりしていていいよ。
M：それもそうだね。じゃ、そんな感じで撮影の人に頼んでみるよ。

どんな写真にしますか。

**3番**　お母さんと息子が部屋の掃除をします。お母さんは息子に何をするように言いましたか。

F：さ、そうじ、そうじ！　まずその散らかっている本やＣＤを片付けなさい。その間にわたしは洗濯するから。
M：分かった。片付けが終わったらどうする？　汚れた食器も洗う？
F：それはわたしがやるから、あんたは掃除機かけなさい。
M：うん、分かったよ。

お母さんは息子に何をするように言いましたか。

**4番**　先生が説明しています。観察記録はどのように書けばいいですか。

M：植物の観察記録の書き方を説明します。紙は横にして、撮った写真を横に3枚、日付順に右から並べてください。説明は縦書きにして、その上に日付を入れてください。

観察記録はどのように書けばいいですか。

**5番**　校長先生が話しています。先生の話をグラフにするとどうなりますか。

M：それでは生徒の通学手段についてお話しします。いちばん多いのは電車通学で、これが生徒全体の半分以上を占めています。次に多いのはバス通学と自転車通学の生徒で、これは毎年ほぼ同じ割合になっていますが、今年は、自転車通学よりもバス通学をする生徒のほうが少し多くなっています。

先生の話をグラフにするとどうなりますか。

**6番**　学生が場所を聞いています。先生の研究室はどこですか。

M：すみません、山田先生の研究室に伺うことになっているんですが。
F：ああ、先生のお部屋なら、この廊下をまっすぐ行って、突き当たりを右へ行くとまた突き当たりますから、そこを右に曲がってください。先生の部屋はいちばん奥の左手です。
M：分かりました。ありがとうございます。

先生の研究室はどこですか。

**7番**　先生と留学生が話しています。次の論文指導の日はいつになりましたか。

F：それじゃヤンさん、今日はこれで終わりにしましょう。また来週ね。
M：あのう、先生、来週の論文指導なんですが、実はその日、友人が日本に来ることになりまして、できれば空港に迎えに行きたいんですが……　1日前か後にずらしていただくことはできないでしょうか。
F：火曜か木曜ってことね。そうねえ、火曜日はほかの大学に行ってるから、ちょっと無理ねえ。木曜日は、夜の7時以降なら何とか時間が取れるけど。
M：でもそんな時間、先生に悪いですし……。
F：ヤンさんの研究は順調に進んでいるし、1週空いても大丈夫じゃない？
M：でも、中間発表会も近いですから……。分かりました。友人の迎えはほかの人に頼みます。

次の論文指導の日はいつになりましたか。

**8番**　病院に電話をかけています。子供が風邪ぎみなので、あした、診てもらいたいと思っています。どの番号を押せばいいですか。

F：こちら寺田小児科電話予約サービスです。育児相談のご予約は1を、予防注射のご予約は2を、診察のご予約は3を、健康診断のご予約は4を押してください。

どの番号を押せばいいですか。

**9番**　男の人と女の人がレストランで話しています。2人はこれから何を注文しますか。

M：どれにするか決めた？　僕はハンバーグにする。
F：じゃあ、わたしもそれにしよう。セットで頼む？
M：そうだな、このジュース付きのセットにしよう。
F：わたしは、ジュースはいいかな。そのかわり、このサラダが付いているのにする。あなたは、サラダは要らないの？
M：そうだね、じゃあ、サラダも付いたのにしよう。
F：じゃ、決まりね。

2人はこれから何を注文しますか。

**10番**　踊りの先生が話しています。どんな順番で踊りますか。

F：これから、大勢で踊るダンスについて説明します。この作品は、全員が1つになって踊ることが大切なのでよく聞いてください。最初は、二手に分かれて舞台の両側から1列になって出てきます。優しい音楽にのって、柔らかな曲線を描くように動いてください。次に突然鐘の音が鳴り響きますから、そうしたら全員が舞台の中央に集まって1つに固まります。続いて、速いテンポの曲が流れたら舞台全体に散ってください。その後、舞台が一瞬暗くなったら全員で大きな円を描くように並んでください。

どんな順番で踊りますか。

**11番**　兄と妹が本屋で話しています。2人はお父さんにどの本をあげることにしましたか。

M：プレゼント、どんな本がいいかな。おやじ何が好きだっけ？
F：お父さん、最近はこれといった趣味も無いみたい。せいぜい近くの公園に散歩に行ったりするぐらい。
M：でも、公園で花や木の写真を撮って、インターネットのホームページに載せたいって言ってたよ。

F：そうしたら、この本は？　身近にある草や木の名前がすぐ調べられるよ。
M：じゃ、それにしよう。

2人はお父さんにどの本をあげることにしましたか。

**12番**　学生2人が話をしています。机といすはどう並べますか。

F：論文の中間発表会ですが、机といすはどうしましょうか。
M：発表者用の机と司会者用の机は、前だな。発表者用は中央に、司会者用はその横に少し斜めになるようにして。
F：発表を聞く参加者の席は、コの字型でいいですか。
M：うーん。発表の後、話し合いもあるから、4人のグループごとに集まって聞いたらどうかな。
F：でも、それでは発表が見にくいですよ。
M：でも、発表の時はいすを前に向ければいいし、参加者同士の意見交換が大切だから。
F：そうですね。先生方の席は参加者と一緒でいいですか。
M：いや、参加者の後ろの壁のそばに4人分出しておいて。

机といすはどう並べますか。

**13番**　男の人と女の人が話しています。男の人が見た滝はどのような様子でしたか。

M：この週末は、滝の写真を撮ってきたんですよ。
F：滝？
M：ええ、写真が趣味なもんで。素晴らしかったなあ。黒い岩肌を縫うように走る幾筋もの流れが、最後は、1つの束になって流れ落ちるんですよ。まるで、水が生き物のように感じられましたね。
F：写真、できたら見せてくださいね。
M：ええ。

男の人が見た滝はどのような様子でしたか。

**14番**　昔話を聞いてください。この話に絵をつけるとしたら、どれがいちばんいいですか。

M1：さあて、そろそろお昼ご飯にするかのう……　あっ！

F　：おじいさんが木の下に座って、お弁当を広げたとたん、おじいさんの横を黒い影がさっと通り過ぎて、おにぎりを取っていってしまいました。いたずら者の、サルのモン吉です。
M１：こらあ、わしのおにぎりを返せー。
M２：嫌だよー。ここまでおいでー。
F　：モン吉はそう言うと、高い木の上に、とっとっ、と登っていきました。それからひざを木の枝にかけて、ぶらんと逆さまにぶらさがりました。そして、おじいさんの大きなおにぎりを手に持つと、そのまま一口で全部食べてしまいました。
M２：んーんー。うん、おじいさん、このおにぎりなかなかうまいじゃないか。
M１：この泥棒ザルめー。覚えておれー。

この話に絵をつけるとしたら、どれがいちばんいいですか。

## 問題Ⅱ

**例**　女の人と男の人が話しています。女の人は初めに何をすると言っていますか。

F：あの、これから銀行に行ってもいいですか。
M：ああ、どうぞ。じゃ、悪いけど、この手紙も出してきてくれますか。
F：はい。じゃあ、先に郵便局に寄ってから銀行に行きます。

女の人は初めに何をすると言っていますか。
1．手紙を書きます。
　正しくないですから、下の１をぬります。
2．郵便局へ行きます。
　正しいですから、上の２をぬります。
3．銀行へ行きます。
　正しくないですから、下の３をぬります。
4．電話をします。
　正しくないですから、下の４をぬります。

正しい答えは１つです。

では、始めます。

**1番**　女の人と男の人がアルバイトの時の服装について話しています。男の人はどうして着替えなければならないのですか。

F：あら、今日、そんな服装でいいの？
M：え？　何か間違ってる？　今日は男も女も白いシャツに黒いズボンだよね。
F：それはいいんだけど、短いのはだめだって言われたでしょ。
M：え、ひざ出しちゃだめなの？
F：当たり前でしょ。早く着替えたほうがいいわよ。

男の人はどうして着替えなければならないのですか。
1．シャツの色が違うからです。
2．ズボンの色が違うからです。
3．シャツの長さが違うからです。
4．ズボンの長さが違うからです。

**2番**　女の人と男の人が話しています。男の人の勧める店はどんな店ですか。

F：青木さん、お勧めのカレー屋さんってありますか。
M：この辺だと、四ツ谷カレーかな。
F：どんなカレーの店なんですか。
M：メニューはカレー1種類だけなんだけど、昔ながらの味っていう感じでうまいんだ。
F：お店の雰囲気は？
M：落ち着いた雰囲気とは言えないな。いつもお客さんでいっぱいで、にぎやかだから。
F：じゃ、おいしいカレーが食べたいっていうときのお店ですね。
M：そうだね。

男の人の勧める店はどんな店ですか。
1．メニューは少ないですが、活気があります。
2．メニューは少ないですが、落ち着いた雰囲気です。
3．メニューが豊富で、活気があります。
4．メニューが豊富で、落ち着いた雰囲気です。

**3番**　これから天気予報を聞きます。大雨に注意しなければならないのはいつですか。

Ｆ：今日は朝から穏やかな天気で、日中は暑くなりそうです。ただ、南から湿った空気が流れ込みやすく、夕方、天気が崩れ、一時的に雷を伴った強い雨が降ることが予想されますので、十分な注意が必要です。そのため夜は、気温が下がるので風邪をひかないようご注意ください。

大雨に注意しなければならないのはいつですか。
1．朝です。
2．昼です。
3．夕方です。
4．夜です。

**4番**　女の人が話しています。女の人はどんな事をアドバイスしましたか。

Ｆ：えー、今年のスピーチ大会はどのスピーチも大変素晴らしいものでした。日本語が文法と発音の両方とも正確なことはもちろん、面白い経験や自分自身の意見など、スピーチの内容もよく選ばれていました。ただ、スピーチが長すぎたり、短かすぎたりした人もいたようです。大勢の人の前でスピーチをするのは緊張するものですが、時間にも十分気を配るようにしましょう。本当に、今日は皆さんお疲れ様でした。

女の人はどんな事をアドバイスしましたか。
1．もっとスピーチの長さに気を付けたほうがいい。
2．できるだけ緊張しないほうがいい。
3．もっと自分だけの経験を入れて話したほうがいい。
4．もっと正しい文法や発音で話したほうがいい。

**5番**　妹と姉が話しています。妹は結婚式に何を着ていくことにしましたか。

Ｆ１：来月、友達の結婚式なんだけど、お姉ちゃん、何か着るもの貸してくれない？
Ｆ２：え？　あんた、ピンクのワンピースも着物も持ってるじゃない。
Ｆ１：あのワンピース、この間、別の友達の結婚式に着ていったから……。着物は着るのが大変だし。
Ｆ２：しょうがないわね。じゃあ、花柄のワンピースなら貸してあげる。
Ｆ１：花柄？　あれ、ちょっと古いんじゃない？　わたし、青いのがいいな。

Ｆ２：あれは絶対だめ。
Ｆ１：ケチ。じゃ、しょうがない。古いので我慢する。

妹は結婚式に何を着ていくことにしましたか。
1．青いワンピースです。
2．花柄のワンピースです。
3．ピンクのワンピースです。
4．着物です。

**6番**　駅で電車を待っています。新宿に早く行くにはどの電車に乗ればいいですか。

Ｍ：お客様にご案内いたします。２時10分発、新宿行きの急行電車は、車両故障のため、到着が約30分遅れて２時40分頃出発の予定です。新宿にお急ぎの方は、ホーム反対側から２時15分発の各駅停車をご利用ください。お客様には、電車が遅れてご迷惑をおかけしております。

新宿に早く行くにはどの電車に乗ればいいですか。
1．２時10分発の急行に乗ります。
2．２時15分発の各駅停車に乗ります。
3．２時30分発の各駅停車に乗ります。
4．２時40分発の急行に乗ります。

**7番**　夫婦がホテルの部屋で話しています。２人はお土産をどうすることにしましたか。

Ｆ：こんなにお土産いただいたけど、持って帰るの大変ね。
Ｍ：そうだな。気持ちは嬉しいけど、そうでなくても荷物がけっこう多いからな。
Ｆ：このままここに置いてっちゃおうか。
Ｍ：それはいくらなんでも……。
Ｆ：ふふふ。
Ｍ：ホテルから送ってもらおうか。
Ｆ：ホテルから送ると高くつくわよ。送るなら駅前の郵便局から送ったほうが、安いんじゃない？
Ｍ：でも、駅まで持っていくなら、自分で家まで持って帰っても大して変わらないだろう。
Ｆ：そうね。やっぱり今日は疲れたし、多少お金がかかっても楽しちゃいましょう。

2人はお土産をどうすることにしましたか。

1．ホテルの部屋に置いて帰ります。
2．ホテルから送ってもらいます。
3．駅前の郵便局から送ります。
4．自分で家まで持って帰ります。

**8番**　男の人がテレビについて話しています。新型モデルは、これまでと比べてどんな点が新しくなりましたか。

M：こちらが今月発売となった、新型テレビ、N5000Xです。こちらは、旧モデル、N2000Sの特徴であった、5センチという薄さと、また、大きなボタンによる分かりやすい操作をそのままにしながら、この新モデルでは、消費電力がこれまでの約半分と、環境に優しい設計になっています。それでいて、定価はこれまでと同じ19万8千円です。今買うなら、絶対にこの新型モデルがお勧めです。

新型モデルは、これまでと比べてどんな点が新しくなりましたか。

1．薄くなった。
2．操作が簡単になった。
3．使われる電気の量が少なくなった。
4．定価が安くなった。

**9番**　女の人と男の人が話しています。男の人はどうして電車で行くと言っていますか。

F：今週末の北海道の学会、先生もいらっしゃるんですよね？
M：うん、まあ、行かないわけにはいかないからね。
F：飛行機は、何時の便になさいましたか？　朝の便は売り切れでしたね。
M：いや、僕は、飛行機じゃなくて電車で行くことにしたよ。
F：電車ですか？　すごいですね。何時間かかるんですか？
M：16時間。もちろん寝台車だけどね。
F：飛行機だと1時間半なのに。本当に電車がお好きなんですね。
M：いや、そうじゃなくて、あんな鉄のかたまりが空を飛ぶなんておかしいだろう。できれば避けたいんだよ。

男の人はどうして電車で行くと言っていますか。

1．飛行機のチケットが売り切れていたからです。

2．寝台車に乗ってみたかったからです。
3．本当に電車が好きだからです。
4．飛行機が嫌だからです。

**10番**　女の人と男の人が話しています。男の人はどうしてぬれているのですか。

F：どうしたの？　そんなにぬれて。外、雨じゃないよね。
M：うん、テニスしてきたんだ。日ざしが強くて暑くてさ。
F：まるでTシャツを着たまま頭から水かぶったって感じよ。
M：そんなにすごい？
F：うん、早くシャワー浴びたら？

男の人はどうしてぬれているのですか。
1．雨に降られたからです。
2．たくさん汗をかいたからです。
3．頭から水をかぶったからです。
4．シャワーを浴びたからです。

**11番**　女の人がテレビで話しています。この村の習慣が始まった理由は何ですか。

F：この村には、お正月にうどんを食べるという習慣があります。この理由については、この村では昔から小麦が採れたからとか、貴重なお餅の代わりにしたとか、いろいろな説があります。でも実はこれ、100年ほど前、この村のあるうどん屋が考えた、お正月の売り上げを伸ばすための催しがきっかけだそうです。現在でもこの村ではお正月に「うどん祭り」が開かれており、観光客も大勢来るようになりました。

この村の習慣が始まった理由は何ですか。
1．昔から小麦が採れたためです。
2．お餅が貴重だったためです。
3．昔、うどん屋が売り上げを伸ばそうとしたためです。
4．観光客を呼ぼうとしたためです。

**12番**　会社で話をしています。女の人はこれからどうしなければなりませんか。

F　：すみません、吉田さんにお客様がお見えなんですが、今どちらでしょうか。
M1：吉田さんなら、さっき急いで出て行きましたよ。4時頃戻るって言ってましたけど、外出したのかもしれませんね。
M2：あ、吉田さんなら会議ですよ。さくら電気さんとの。
F　：ああ、そうですか。
M2：それからお客様がいらっしゃったら会議を抜けるので、応接室にお通ししておくように、とのことでした。
F　：分かりました。

女の人はこれからどうしなければなりませんか。
1．お客様を応接室に案内してから、吉田さんを呼びます。
2．お客様を会議室に案内して、吉田さんに会わせます。
3．吉田さんが外出から戻るまで、お客様に待ってもらいます。
4．会議が終わるまで、お客様に待ってもらいます。

**13番**　男の人と女の人が夜、会社で話しています。男の人は今の仕事にどのような不満を持っていますか。

M：中島さん、まだ仕事ですか？　もう11時ですよ。
F：そう言う田中さんだって、まだ仕事でしょ？　お互い大変よね。
M：仕方ないですよね。この課の仕事は、ほとんど僕たち2人でやってるんですから。
F：確かにそうよね。
M：そりゃあ、今は仕事は楽しいし、給料だって十分すぎるほどもらっていますけど、こう、いろいろ仕事を任されると……。
F：まあね、田中さん毎晩遅いしね。
M：みんなが同じように、仕事を抱えているのであれば納得できますよ。でも、同じ課なのに、あまり仕事を持っていない人もいるような気がするんです。
F：うーん、そうかもしれないけど、私たちは責任のある仕事を任せてもらっているってことなんだから。
M：でも、もう少し何とかしてほしいですねえ。

男の人は今の仕事にどのような不満を持っていますか。
1．給料が安い。
2．仕事がつまらない。
3．仕事量のバランスが不公平だ。
4．責任のある仕事を任せてもらえない。

**14番**　料理の先生が話しています。先生は何がいちばん大切だと言っていますか。

M：えー、食べることの大切さを子供たちに教えるにはどうすればいいでしょうか。最近は、学校でも「食べ物」についての教育が行われているようですが、わたしはやはり、家庭の力が大切だと思います。親が子供のために一生懸命料理を作るとか、親と子供が一緒に料理をしてみるとか、そういうことも1つのアイデアでしょうが、やはり何よりも、家族で、「おいしいねえ」と言って食卓を囲むことが大切です。食べることは楽しい、そういう経験こそが必要だと思います。

先生は何がいちばん大切だと言っていますか。

1．食べ物について、学校で教えることです。
2．親が一生懸命料理をすることです。
3．親と子供が一緒に料理をすることです。
4．家族で一緒に食事を楽しむことです。